SHODENSHA
SHINSHO

ひとは生きてきたようにしか死なない

草柳大蔵／著
下重暁子／解説

祥伝社新書

本書は、一九九九年に保健同人社より刊行された単行本に、新たに下重暁子《しもじゅうあきこ》氏の解説を加えて新書化したものです。なかには、現在では不適切と思われる箇所もありますが、執筆時の時代背景や著者がすでに他界していることなどに鑑み、原文通りとしました。また、読みやすさを考慮して一部、文字遣いを改め、ふりがなを加除して、行を整えています。（）内は刊行当時のまま、〔〕内は今回の編集部で入れたものです。

まえがき――「送り三重《さんじゅう》」が鳴ってから

「いま、何歳ですか？」と先輩に問われて「二十八歳です」と答えたら、「若いね」とはいわずに、先輩はご自分の人生を振り返るような口調になって、教えてくれた。

「キミ、三十歳になってから歳《とし》をとるのが速くなるよ。あっという間に四十歳になる。誰でもそのようだが、目先の忙しさに気をとられて、気がつかないんだ。この事、覚えておくと、いいよ」

せっかく教えて頂いたのに、まさに「目先の忙しさに気をとられて」、気がついたら四十の坂を越え、五十歳の半ばを過ぎていた。

再び、別の先輩から「人生の速さ」についてを教えられたのは、来年で還暦という年を迎えたときだった。セネカの『人生の短さについて』の翻訳を終え、すでに読まれたと思いますがとの手紙を添えて送ったとき、落掌《らくしょう》の謝辞の傍《そば》に次のように書き加えてくれた。

「来年が還暦だそうだね。還暦になると、年の過ぎるのが速いよ。あっという間に七十歳になるよ。余生をどう過ごすか、考えておき給《たま》え」

こんどは少し慌《あわ》てた。おぼろげながら、人生のゴールが薄《う》っすらと見えているせいであろう。「もう六十歳だと思えばマイナス思考、まだ六十歳と思えばプラス思考」なんて言ってくれる人もあったが、老後の人生はそんな言葉遊びでは支えられない。もっと、しっかりした芯棒のようなものはないものかと、心中ひそかに願っていたせいか、イヴェット・ジローの言葉にめぐりあったときは、これあるかなと嬉しくなった。教えてくれたのは、シャンソンの大姐御《あねご》・石井好子《いしいよしこ》さんである。この姐御はビールを飲むとき、氷の塊《かたまり》を入れてひやしながら飲むのだが、そのときも見事な手際で氷をビールの中に入れ、おいしそうに一口飲むと、二人の歌手が自分に語ったことを楽しそうに話した。

「マリア・カラス。あの人がね、私が階段をとんとん降りていったら、うしろから、お待ち、ヨシコ、と声をかけるのよ。人間、六十を過ぎたら手摺《てす》りにつかまりながら降りるのよ、とね。もう一人はイヴェット・ジロー。七十歳にならなければわからない詩の心というものがあるの、だから私、詩の心がわかるその年まで歌い続けようと思うのよ、彼女はそういうの」

言われてみればそのとおりで、たしかに七十歳になってはじめて〝ああ、そうか〟と自得する言葉や解釈があることを経験するようである。いや、言葉や解釈だけではなく、人生を運んでゆくうえでの知恵、工夫、処理などについて、「なるほど、そうであったか」

よこちょいなのですぐその気になってしまう。

そうであれば、「七十歳なればこそ」で過ごさせて頂こうではないかと、生来《せいらい》がおっちと肯《うなず》かざるをえないような法則、あるいは範例に気がつくのではないか。

ところが、人生は照る日曇る日で、鼻唄まじりに過ごすわけにはゆかないようだ。老いゆえの冷たい風が足元から吹き上げてくる。いやだ、と言っても、読む本や観《み》る芝居のホンの一節《ふし》一齣《こま》にそれがあらわれる。たとえば、石光真清《いしみつまきよ》氏の『誰のために』に出てくる独白《どく》《はく》である。石光氏は明治元年に生まれ、陸軍士官学校に進んで将校になるが、日清・日露の両戦争を経てシベリア出兵に至るまで、間諜《かんちよう》〔スパイ〕としての生涯を送る。その全記録が『城下の人』『曠野《こうや》の花』『望郷の歌』『誰のために』に収められている。私は、この四冊は日本人の精神的資産と言ってもよいと思う。

さて、この壮大な記録も終わろうとする頃、石光氏は旅順《りよじゆん》で高山公通《たかやまきみみち》陸軍少将に正直な告白をする。

「疲れた。歳だな。疲れ過ぎると……人間という奴は、何をやっても悲観的になるしさ、やたらに自己犠牲に魅力を感じたりしてな、どうもいかん」

この言葉には、イヴェット・ジローの「七十歳にならなければ」という表現の輝度と同じ程度の強さがある。考えてみれば、人は老年になってから、七十歳であるがゆえの強さと弱さをそれぞれの手に持ちながら花道にさしかかるのではないか。

歌舞伎だとそこで鳴るのが「送り三重」である。すでに物語は終わり引き幕が引かれている。主人公が一人、たとえば『忠臣蔵・四段目』なら赤穂《あこう》城に別れを告げた大石内蔵助《おおいしくらのすけ》、『熊谷陣屋《くまがいじんや》』なら恩義のためにわが子の首を刎《は》ねて差し出した熊谷直実《なおざね》が花道をひっ込んでゆく。その所作が始まるまえに、舞台下手《しもて》の御簾《みす》の前に、踏み台のような形の台をすえ、そこに片足をかけて三味線を安定させ、チチチン、チチチン、チチチンと同じ手を三回重ねて弾《ひ》く。この音を背にして主役は、すでに運命のきまっている人生を歩いてゆくのである。だからこの音曲を「送り三重」といい、演奏は「合い弾き」と呼ばれている。弾き手が足をかける台は大道具や小道具の人の扱いではなく古布（こぎれ）という職名に属する。なお、歌舞伎でいう「合い弾き」は舞踊界では「上《あが》り重《じゅう》」、能・狂言では「足《あし》」という。以上は、日本舞踊界の座標に位置する梅津《うめづ》流家元・梅津貴昶《たかあき》氏の教えによるものである。記して感謝の意を表したい。

本舞台の上の一部始終には幕が引かれている。つまり、主人公は二度と再び戻ることはできない。残された道はただ一筋、在《あ》りし日へのほほ笑《え》みと過ぎしことへの慚愧《ざんき》の念を全身に秘めて黙って歩むほかはない。誰が、この余光に包まれた孤影の歩みの演出を考えたのか、その名を知っても益《えき》のないことで、ただ、おのれの花道の足取りにゆるぎのないことを願うのみである。本書はその思いで書いた。

＊本書の完成まで、あたたかい助言助力を頂戴した保健同人社社長大渡肇氏、編集部の福岡貴子氏に感謝致します。

平成十一年春

草柳大蔵

目次

第二章　老いてからの生き甲斐

第三章　自問自答の中で

第四章 健康法の海の中で

第五章　年をとってからの死生観

第一章

老いを生きる

ある茶碗屋の話

親友の陶芸家松井義夫《まついよしお》君（雅号・箐人《せいと》）の遺書が道子《みちこ》夫人から届けられたのは、平成九年十月二十五日のことである。庭の木犀《もくせい》も香りを納め、十月桜が可憐《かれん》な花を高い空に掲げはじめている。時鳥《ホトトギス》と主役を交替した百舌鳥《モズ》が飛び交《か》う中を、私は平静な感情で親友の遺書を読んだ。いま、その時の気持ちをきちんと言葉にかえれば、平静《へいせい》を装《よそお》ったのではなく、読んでゆくうちに平静になってゆくのだった。以下、ご遺族の了解の中に、彼の遺書を紹介する。

突然ですが、私こと、今春から胆管ガンを発病、思いもよらぬところに致命傷を受けて余命いくばくもなくひっそりと消えて逝《い》くつもりでおりますが、お世話になった皆様にお礼とお別れの御挨拶《あいさつ》をと思いたち筆をとりました。

なにせ、御承知のとおりのへそまがり故《ゆえ》、かねてからの思いを達し度《たく》、家族だけに見送られてあとは山《やま》の辺《べ》のあたりに散骨してもらいます。また、おきまりの御厚志を辞退させていただく我儘《わがまま》も、あいつらしいと嗤《わら》いとばして平《ひら》におゆるしください。

長い間拙作を御愛用して頂きましたこと、心から御礼申しあげます。

それではひと足お先に……

お別れのご挨拶まで。

平成九年九月末日　　　　　　　松井簿人

読み終わって、ああ、こういう幕の引き方があるんだな、と思った。いかにも松井君らしい、松井君だからできた。そういう思いに徐々に満たされていった。誰にでもありうる〝ある場面〟を見せつけられたからであろう。

人生のあらゆる断面で、いつそこで人生が終わってもかまわないほど自己完結度が高い、そういう人生を送りえた人間がいるのではないか。高貴卑賤《こうきひせん》を問わない、貧富ももちろん問題外である。要するに、生きてきた内容の充実度である。どこで生《せい》が停止しても、その瞬間にも充実した生があらわれている。道元《どうげん》禅師はこれを「死を生きている」と言ったのである。

松井義夫君は私と同年の大正十三年の生まれである。尋常高等小学校を終えると南満洲鉄道株式会社（通称・満鉄）に入社した。鉄道通信の教育を受け通信技師二級に昇進、徴兵検査のため帰国して各務原《かかみがはら》の陸軍飛行師団に配属され、そこで終戦を迎えた。

絵画をよくする血筋で、自分も画家を志《こころざ》し、日本画家だった兄につれられて一廉《ひとかど》の師匠の門に入った。ところが、この師匠がかなりの変わり者で、自分は陶磁器に絵付けをしてみたいから焼き物を焼けという。画家の家だから、キブシ（陶土のこと）、釉薬《うわぐすり》はもちろんのこと、一本の薪《まき》もなければ焼き上げる窯《かま》さえない。兵隊帰りの新弟子が何から何までそなえつけざるをえなかった。文字どおり徒手空拳《としゆくうけん》である。陶芸の本を首っ引きで読み、わからないところは人づてに焼物師を訪ねて教えを乞《こ》うた。

ほとんど文字どおりの独学自習であったが、絵筆を持って待ちかまえている師匠の前に間違いのない素焼きの焼き物を持ってゆくために、いちばん大事なことは、材料のもつ自然の性質に忠実に従うことだと悟《さと》った。それには、忠実に従う〝自分という人間〟をつくることだった。そこに気がついて、彼は焼き物の前では決して我儘や自己主張をしないことにきめた。すると、志野《しの》は志野どおりに、三島手《みしまで》は三島手なりに、焼き上がっていくことがわかった。

昭和三十年、やっと自分の家を建てた。その家を訪れた人が、こんな人が世の中にいるのだろうかという表情で、私に話してくれたことがある。

「玄関で履物《はきもの》を脱いで足を踏み入れた途端《とたん》、どうしたのか、と思いました。とにかく襖《ふすま》も障子も引き戸も、つまり建具《たてぐ》というものが一枚もないのです。建具ばかりか、家具もない。柱で仕切られたがらんどうの空間だけです。たまりかねて、建具や家具は置かないという考えなのですか、と尋ねると、松井さんは平然として、いや、買えないのです。そのうち買えるようになったらボチボチ整《ととの》えるつもりです、と言うんです」

かつて棟方志功《むなかたしこう》は「私は版画を生んでいる、と言いたいのです」と語ったが、松井君も陶芸を自分の掌《て》から生み、家も庭も自分の時間と一緒に育ててゆくのだった。

私が松井君の家を訪ねたときには、家具は少しは揃っていたが、庭は造《つく》り終えたばかりだった。杉の苗木がまるで植木屋の畑のように植えてある。椿《つばき》・紅葉《もみじ》・馬酔木《あしび》、みんな背《せ》丈《たけ》が低く、小さく痩《や》せて、見本即売会のような光景だった。「これで十年たったら、この家は林の中の一軒家になると思うよ」と、松井君は嬉しそうに笑った。

その予測はそのとおり実現し、二十年後の家は杉木立《こだち》の間に見え隠れし、椿はすべて白の一重の花をつけ、馬酔木は晩春の庭に清冽《せいれつ》な香りを放っていた。

私は造園師の想像力のしたたかさに、何度か舌を巻いたことがある。彼らは植物が成長するたびに醸《かも》し出す景観を若木《わかぎ》のうちから脳裏に描いて、植栽の位置をきめ、庭石を配し、灯籠《とうろう》をすえるのだった。

たとえば、盛岡《もりおか》の不来方《こずかた》城の秋の風景である。石川啄木《いしかわたくぼく》の歌碑とは反対の道を進むと、橡《とち》の清潔な並木が続き、そして紅葉の世界になる。やにわに赤がくるのではなく、黄、朱《しゅ》、赤、深紅《しんく》の順に木が配置されており、その周囲は深い緑の植栽になっている。もちろん、若い時分から身につけた〝見様《みよう》、見真似《みまね》〟のパターンがあって、それがほとんどひとりでに出てくるのだろうが、時間どおりに景観をつくる自然の営為《えいい》を植木屋は「オレは知っているんだ」と呟《つぶや》くこともあるだろう。

松井義夫君のような人物をヨーロッパでは〝セルフ・メイド・マン〟というようだ。生活の一齣《ひとこま》一齣が自己決定の連続なのである。そのような生き方をしてなお社会に参加できるのは、自己決定の生業《なりわい》が道理から外れていないからである。私は、このての人間が好きだ。

松井君は「陶芸家」といわれるのを嫌って「オレは茶碗屋だ」と言ったが、そこに卑下《ひげ》する響《ひび》きは少しもなかった。わかる奴《やつ》にはわかる、わかってもらう必要もない、そういうのっぴきならない自己承認の守護刀を懐《ふところ》深くのんでいるところがある。

茶碗屋とは何か。たとえば、口径四寸、高さ三寸八分という茶碗を何月何日までに三百個作ってくれ、という注文がくる。それを期日どおりに間違いなく、口径も高さも、糸底《いとぞこ》から勾台《こうだい》までの寸法も、寸分の狂いもなく作り上げる、それが茶碗屋である。どこで寸法に狂いがないとわかるか、箱である。茶碗屋は注文を受けると、箱屋に三百個の箱を注文する。箱は木か紙でできているから均等である。その均等の寸法にスッポリ納まる茶碗を作るのが茶碗屋である。第一に要求されるのは感覚である。轆轤《ろくろ》から挽《ひ》き上がってくる陶土の薄さを拇指《おやゆび》の腹が覚えていなければならない。寸法をきめるのは目である。三百個いちいち物尺《ものさし》をあてていたのでは飯《めし》の食い上げになる。

キブシ、釉薬《うわぐすり》、窯詰《かまづめ》の間隔、燃料、すべてにぬかりがあってはできない。同じ焼き物を三百個作るための感覚のシステムは少しの乱れも許されない。それを完全にやりおおせるのが茶碗屋である。

いま、茶碗屋と陶芸家は区分けして扱われている。茶碗屋は〝数もの〟を作る人であり、陶芸家は〝一品もの〟を作る人である。本来は未分化であったことはいうまでもない。昭和三十六年に文化勲章の受章者となった富本憲吉《とみもとけんきち》氏は、その三年前の昭和三十三年に七十二歳で京都に窯をしつらえたが、年表の中で「ようやく数ものの体制ととのう」と書いている。「香炉を作れば何万円にもなるのやが、同じ手間なのに灰皿だといくらにもならんのや」が、その頃の富本氏の苦笑まじりの述懐である。もちろん、「いくらにもならん灰皿」の完成度は、富本氏ならではの美意識につらぬかれている。

「かだ」のない仕事―続・ある茶碗屋の話―

松井君も富本氏と同じ精神の次元に立っている。彼にも〝作品〟と呼ばれるものがあって、亡くなる少し前に、新潟の美術館から注文を受けて志野を焼くことになったが、病床に次男の緑郎《ろくろう》君を呼んで、事《こと》こまかく打ち合わせをしている。

しかし、松井君にとって最も肝心なことは、「かだ」のない仕事をすること、この一事《いちじ》に尽きるのである。いや、仕事というより人生そのものが「かだのないこと」を基準にしていたふしがある。

春の彼岸《ひがん》になると、彼の兄が作った蓬餅《よもぎもち》（関東では草餅という）が送られてくる。そのうまさが尋常ではないので、お礼の電話で「どうして、あんなふうに、後味《あとあじ》の残らない草餅になるんだろう」と率直な気持ちを伝えると、「ああ、かだのない仕事をしているからだ」という答えが返ってきた。

私は「かだ」という言葉をこの年になるまで知らなかった。『広辞苑』をひいてみると、「怠《おこた》ること・怠慢《たいまん》・横着」と出ている。『字源』には「懈怠（かいたい・けたい）。おこたる」とあって、法華経の「汝等勤作、勿得懈怠」という辞句が用例として紹介されている。

たとえば、蓬餅を「かだ」なしに作るとはどういうことか。

まず、川の土堤《どて》に出て蓬を摘《つ》む。土堤のどのあたりの、どの程度の日当たりの、もちろんどのくらいの寸法のものがよいか、間違いなく見わけながら摘んでくる。

餅を作る材料はモチ米とウルチの粉（関東でいうレン粉）を半分ずつ、別々に蒸《ふ》かし、木臼《きうす》の中で混ぜて搗《つ》く。搗きながら一升の餅に対して白砂糖を小さな盃《さかずき》に三杯ほど入れ、餅がやわらかいうちに徐々に蓬を入れて、餅がだんだん濃い緑に変わるようなテンポで搗きすすめる。

次にアンの作り方だが、まずアズキを前の晩から水に浸《ひた》し、いったん煮込んでから皮をすべてとる。この仕事でアズキのアクがなくなる。皮をとったアズキを鍋に入れ、ゆっくり熱を加えながら砂糖を入れるが、肝心なことは、できあがる頃合《ころあ》いを見計《みはか》らって、ホンの少し手前で耳かきに二、三杯ほどの岩塩を加える。塩は甘さをひき立てるというのは俗説で、たしかに甘くはなるがその甘さなるものは、塩のニガリで強調された〝くどい甘さ〟なのである。塩は、むしろ、甘さを抑制すると考えるべきである。

蓬餅は松井君の兄上が毎年作るのだが、その手順を松井君は電話口で淀《よど》みなく述べるのである。ややこしい話だし、彼の声は少し濁声《だみごえ》なので、一度では聞きとれぬはずだが、私は問い返すこともなく、その製法を聞き終わった。つまり、松井君は兄の蓬餅の製法をまるで志野茶碗を作るときの手順と同じように聞き収めているに違いない。兄弟の間には、ものを作るときには「かだ」を入れないという共通項があるのだろう。

私は外国旅行をする機会が多いので、それとなく外国人の暮らしと日本人の暮らしを比較してみるのだが、シヴィル・ミニマム（私たちが生活してゆくうえで最低限必要な社会の設備や装置、または社会保障）の面では、日本人の生活は外国に遜色《そんしょく》はないように思う。そして、そのいちばん大きな理由は、社会の公的な施設や装置を運用する人の水準の良さにあるだろう。人間は、私も含めてそうなのだが、しばしば勝手者になることがある。蛇《じゃ》口《ぐち》をひねれば飲料水がいつでも欲しいだけ得られるというのが常態になると、その常態を維持するためにたくさんの人たちの、「かだ」のある仕事をしてはならないという義務感が存在することを忘れてしまう。「蛇口からの水」を「電力」「電車の運行」「食料品」等々、言い換えても同じである。

だから私たちは、政治家が汚職したり、高級官僚の人格がおかしくなったり、エロ本がベストセラーになったりしても、動じないのである。お互いの人間としての暮らしの、いちばん基礎のところがビクともしないから、「あの連中も困ったものですな」と、笑い飛ばしてすませるのだ。

いや、日本の場合、公共的な施設や装置がしっかりしているばかりではなく、企業から社会に送り出される商品やサービスも、外国とくらべると、欠陥や難点が比較的少ない。

たとえば、いま、アメリカに単身赴任すると、まず三か月間は家庭電化製品と格闘せねばならぬ、との商社員の報告がある。電気洗濯機を買って、日曜日の朝、一週間ぶんのパンツを放り込んで洗ったが、七枚が七枚ともボロボロになって出てきたとか、室内加湿器をそなえつけたのはいいが、五日もすると容器のプラスティックの部分が溶《と》け出して、部屋じゅうが水びたしになったとか、日本人には信じられない話に事《こと》欠かない。

どうやら「かだ」のない仕事をすること、「かだ」のない社会装置をつくることは、あたりまえのように見えていて、じつはむずかしいことかもしれない。ほんとうは、人間の生活にとって「かだ」のないことは上位概念にくるはずなのだが、その状態をつくることが日常的になり野暮《やぼ》ったくなると、ほかの概念とすり替えてしまうようである。

松井君は茶碗屋を続けることによって、奈良の鄙《ひな》びた町の一角から現代を読みとっていた。

たとえば、茶会などで使う茶器に「三島手」というのがある。こまかい縄状の文様《もんよう》のある高麗象嵌焼《こうらいぞうがんやき》で、別名を「こよみで」ともいう。濃灰色の地肌にベージュ色の文様が入ったものが多いが、制作過程は二度手間になる。最初、挽《ひ》き上げた茶碗に條《すじ》を入れ、釉薬をかけてから、窯に入れて焼く。焼き上がったら、はじめに條を入れたところに白っぽい陶土を入れ（これが象嵌になる）、もう一度、窯に入れて焼く。こうすると、茶碗の方はすでに焼成《しょうせい》されているから、二度目の窯入れでも縮《ちぢ》みの度合いが小さいが、あとから入れた白い陶土はわずかな分量だから、一度の焼成できっちりと條の中にはまり込む。したがって、できあがったものの表面を撫《な》でてみると、茶碗の肌を象嵌した白陶土の面はほとんど水平になる。茶碗屋の間では、これを「ヅラ（面）が合う」と称している。

ところが、いまの芸術大学や工科大学の窯業科《ようぎょう》ではどのように教えているか。轆轤《ろくろ》から挽き上げたばかりの茶碗に條をつけ、最初からそこに白陶土を入れて、一度で焼成してしまう。こうすれば、二度焼きするよりも光熱費も時間も半分ですむというわけである。たしかにそのとおりには違いないが、その結果焼き上がった「三島手」の表面は、白陶土の収縮度と茶碗の収縮度には土の性質によって違いがあるから、その違いのぶんだけデコボコになる。つまり、茶碗屋のいう「ヅラ」が合わないのである。しかし、現代ではこれが「三島手」で通用している。大卒の人が作る「三島手」は、ほとんど、このデコボコ三島である。

しかも、ほんものの「三島手」を見た人は、だんだん少なくなっているから、いまの人はデコボコ三島を「三島手」と言っている。

この現象を松井君は嗤《わら》うのである。

大学の窯業科の先生が、いかに効率よく、コストも安く、焼き物を作るかを教えるのは、そりゃ自由というもんや。そやけど、象嵌の白土を入れながらヅラが合って、掌にデコボコやザラザラを感じさせない、そういう作る人の思いやりいうんかな、それが使う人にちゃんと渡ってゆく、そこんとこを教えないで、なんで大学いうのかいな。なんで先生いうのかいな。

「かだ」のない仕事は、仕事をする側の倫理観が支えているだけではなかった。その仕事にこめられている「使い勝手」、つまり作った人のメッセージがきちんと使う側に伝わること、それも考えているのである。そのために、作る側にはそれなりの覚悟、心の用意というものが必要になる。

松井君は、亡くなる五年ほど前に、「材料をたくさん買《こ》うてしもうた」と、電話口で言った。

「キブシ、ワラ灰、木灰、それに薪。およそ三十年ぶんくらい買うてしもうたが、年齢《とし》を考えると、そんな使い切れんほど買うて、俺も阿呆《あほ》やな、思うてるけど、あんた、どう思う？」と、嬉しそうな声で言うのである。わかっていてバカなことをした男の、満足した声になっている。

「なにがバカなもんか、木彫《もくちょう》界では第一人者といわれた平櫛田中《ひらくしでんちゅう》さんは、たしか百歳を迎えるに及んで三十年ぶんの木材を買った」と私は答えた。

そして平成十年を迎え、五月十七日に地元の病院に入院してから約半年の生命だった。その間、諦観《ていかん》の顔も畏怖《いふ》の声もあらわさなかった。七月のはじめ自宅で療養することになると、早速、仕事場に座った。入院中に仕事場の前にある竹の植栽をするよう植木屋に頼んであったが、仕事場からの目線を遮《さえぎ》る仕上がりで、これでは向こうの杉や馬酔木や椿が見えないと、竹の載《の》っている土盛りの寸法を削《けず》る算段をした。自分とともに成長した庭を見ながら仕事をする、それが松井君の壺中天《こちゅうてん》〔俗世間を忘れる楽しみ〕である。

八月一日。ガン性の腹膜炎《ふくまくえん》と告げられ、八月十五日、帰宅中に「遺言を書こうと思うけどな」と言ったが、「自分が罹《かか》るのはふだん悪態ばかり吐《つ》いておるから舌《ぜつ》ガンかと思うた、とにかく葬式はいやや、荘重なこと一切ご免《めん》や」と言い、紫郎《しろう》君と緑郎君の二人の息子に仕事のコツを伝え、それをビデオに撮《と》らせ、焼き物の話を語り続けた。再び入院。さすがに亡くなる二、三日前は、辻褄《つじつま》の合わぬことを口走ったが、最後の日は明晰《めいせき》だった。

「あと、三時間」

妻の道子さんの顔を見てそういうので、道子さんは医者との話で、三時間したら診療の時間になるという意味かと思い、「なにが、三時間?」と問い返した。

「いや、もう三時間で天下ご免やね。もういいやろ」

いつものように、少し、ふざけたように笑った。それからかっきり三時間後、息をひきとった。道子さんは、長い結婚生活であったが、夫が入院してからの半年間がいちばん平穏で、安らぎに満ちていたと思えてならなかった。

「不思議ですね。片方は死んでゆくのに、そんなことってあるのかな、と思い続けているんです。いまでも」

友の愁《うれ》いに我は泣き
我が喜びに友は舞う

こんな歌を一緒に歌える友に恵まれてきた。いまも、この心情にいささかの変わりもない。哀歓をともにできる人がいることも人生の豊かさの証《あかし》であろう。

しかし、惜《お》しみてもあまりある人が挫折《ざせつ》したり、悲しんでなお悲しみ足りぬ人が信じられない早さで身まかってしまう。「哀惜《あいせき》」であるうちは涙で心が満たされる。時日《じじつ》を経過して、「哀惜」が「愛惜《あいじやく》」に変わると、名舞台を中途で立ってしまったように、いつまでたっても満たされぬスペースが心のどこかに残ってしまう。それを耐えてゆくのが人生だと、誰もが我慢して口に出さないのであろう。

『幸福論』を書いたアランが「幸福論が売れるのは人々の多くが不幸な思いをしているときだ」と語ったことがあるが、この語序どおりに考えれば、「心にいっぱい太陽を」「目には希望、唇《くちびる》には愛の言葉」などというのは、「愛惜」の思いに触れたくない人々が歌う健《け》気《げ》な合唱曲ではないだろうか。

それだけに、「愛惜」に値《あたい》する人に、この世を辞去する間際《まぎわ》に、玄関口で「それじゃあ」

とかなんとか、ふだんの笑みを顔に残して挨拶するような亡くなり方をされると、こちらの人生にぱあっと光をあてられたような気恥ずかしさと、人生の終わりについて何か納得できる気持ちになるものだ。

後生《ごしょう》(老後)と雨具

曽我休自《そがきゅうじ》(仮名草子《かなぞうし》『為愚痴物語《いぐちものがたり》』の作者)という人が言ったのだそうだが、「後生《ごしょう》と雨具はてんで持ち」というのがある。

後生とは年をとってからの人生。若いときお年寄りの手助けをして喜ばせることをしたりすると、「後生のいいことをしたね」と親から褒《ほ》められた、そんな記憶をお持ちの方もおいでだろう。ちょっと表現が違って、「あなたの後生はいいよ」というのもある。これは神主さんとか和尚さんとか、町内の宗教家に頭を撫《な》でられるとき聞く言葉である。親に肩こりの持病があって、毎晩、指圧してやらないと寝つかれなかった、おかげで女の子なのにおや指が蝮《まむし》の首みたいになって、これじゃ恥ずかしくてお茶やお花のお稽古《けいこ》にゆけなかった、と嘆《なげ》く娘に言って聞かせるときの言葉である。

松下幸之助《まつしたこうのすけ》さんに「人使いのコツ」を伺ったとき、事業が小さくて、つまり従業員の顔がよく見えたときと、一千人を超えてしまったときの「人使い」をわけて丁寧《ていねい》に話してくれたが、最後になっての話の締め括《しくく》りに「ま、いろいろ言いましたが、永《なが》いこと、人におつきあいさせてもらいますと、つくづく、人間は千差万別、いや、億差兆別ということがわかりますな。人間なんて一概に言えたものじゃありません」と、苦笑をうかべて言ったものだ。

そのとおりだろう。しかし、千差万別のはずなのに、そこに仕事とか会社という共通項が挿入されると、むかしからいう「職人気質《かたぎ》」、あるいは「会社人間」という、いくつかの類型があらわれる。

類型というのは「型」である。この型が外《はず》れると、麦粉菓子《むぎこがし》が桜や梅の型木から外されたようなもので、誰も相手にしてくれなくなる。

勤め人にとっては、その「型」の外れるときが「定年の日」である。私は三十三歳のときに会社勤めをやめてしまったので、定年直後の人の心理状態を知らない。学校の同級生だった男が定年になったので、「おい、どんな具合だ」と聞いたら、「うん、なんていうか、無重力状態というんだろうな」という返事がかえってきた。しかし、いつまでも無重力状態だと本人も家族も困るだろうから、なんとか自分にオモシをつけて、腰を落ち着かせる必要がある。

さて、そのオモシだが、自分で適当なものを見つけるわけだから、いってみれば、自分なりの人生の出発点での「覚悟」というものに通じてこよう。この「覚悟」の中に「私の人生もこんなもの」という「達観」が入ればよいのだが、いまの日本人は六十歳やそこいらでは、まだまだ精神も身体も若いから、なかなか「達観」の境地に達するのはむずかしかろう。このあたりの心の段差を、鋭利な彫刻刀で彫り上げたような文章に表現したのが岡田誠三《おかだせいぞう》氏の『定年後』という作品である。

著者の岡田氏は大正二年大阪に生まれ、昭和十一年に大阪外語学校英文科を卒業するとすぐ朝日新聞に入社、以後三十二年をおもに社会部記者としてつとめ、昭和四十三年三月に定年を迎え文筆生活に入っている。紹介する必要があるのは、岡田氏が従軍記者として太平洋戦争に参加、その時の見聞を書いた『ニューギニア山岳戦』が昭和十九年上期の直木賞を受賞していることである。

才筆である。強靭《きようじん》な判断力をそなえている。読書歴は広くかつ深い。多彩な経験の持ち主である。しかも一流全国紙の出身で、直木賞受賞作家である。

これだけ要素を並べれば、普通の人なら、その定年後はさぞかし悠々自適、感興《かんきよう》の赴《おもむ》くままに静かに老《ふ》けてゆく関西のエレガントな紳士を思い描くであろうが、それがそうはゆかないのが人生というものである。

「三十年間のワクが外れたあとで、株式会社のシステムと回転速度の中にいつしか両足ともすくわれている自分自身を定年後に見出した私は、Yさん（注・先輩）のいう自分が自分の主人公になることのむつかしさを骨身にこたえて味わった」

先輩たちがいろいろ教訓を垂《た》れる。

「収入にゆとりのできる定年前三年くらいのあいだこそ、背広の三つ揃いとオーバーの八《はち》八《はち》艦隊〔日露戦争後の日本海軍による戦艦八隻、巡洋戦艦八隻から成る建艦計画〕を作っておくことだよ」「定年後にはね、あんた、自尊心というつまらぬものは捨てないといけないよ」

会社から「定年後は〝嘱託〟として残りませんか」と言われ、迷っていると、ある先輩は「人の親切は受けておくものだよ」と言ってくれた。なるほど、とは思ったが、最後に妻に相談すると、妻は「貧乏はわたしが引き受ける。嘱託とかみみっちいこと考えんと、このさい、思いどおりにやってみたらどうや」と言ってくれた。読者も、ここで、「ああ、そうか、女房という存在があったな」と気がつくだろう。著者も書く。

「定年にさきだってその後に来るものを詳細周到に予測したつもりでいたなかで、女房の支配権の無制限な拡大という致命的問題をぬかしていた」

妻との話し合いの結果、著者は「五箇条の御誓文《ごせいもん》」を書かされる。
一、午前中一歩も書斎を出ぬこと
一、小遣《こづかい》は月五千円とすること
一、食事の内容には一切要求をつけぬこと
一、仕事の上でやむをえないと認めることのほかは外出しないこと
一、これらを不服として大声を発するなどのことはしないこと
以上が、著者自身の戒《いまし》めでもあることはいうまでもない。しかし、いくら行動基準を作ってみても、はっきりした目標（これが私のいう後生の覚悟でもある）が生活の中に設けられなければ、心の視線は内側に向きを変える。

「あてがいぶちのルーティンがなくなった定年後の怠惰《たいだ》な静止の中で私はとめどなく自分の内部の深間《ふかま》へとおち込んでいった。無間《むげん》地獄とは、こんな心象風景をいうのではないかと、ふと、思った」

この無間地獄の中で著者が感じるのは「時間」の姿が変わることである。私は、この部分に最も感心したし、「後生」の中で私たちがついうっかり見落としてしまうのは、「時

間」であったことに気がつきもした。

会社人間でいた頃は、いろいろな人に会ったり種類の違う用件を片付けなければならないので、時間は「人」や「用件」によって短く屈折して続くが、定年後は「時間は垂直に降ってくる」と、岡田氏は書いている。

冒頭に紹介した「後生と雨具はてんで持ち」の、その「後生の持ち方」は、覚悟あるいはテーマの持ち方、それに「時間」に自分をどのように縛りつけておくか、この二つが大事なのかもしれない。

ところが、人間の中には「意馬心猿《いばしんえん》」という厄介《やっかい》なシロモノが棲《す》みついている。道原《どうげん》〔中国・宋《そう》時代の僧侶〕という人が編集した『景徳伝灯録《けいとくでんとうろく》』の中に「識馬奔《はし》り易《やす》く、心猿制し難《がた》し」という辞句が収容されているが、その意味は、妄念や煩悩《ぼんのう》が激しく、心の乱れが抑えられないということだと『大辞林』に出ている。

あとで紹介するが、日本の私小説や風俗小説は、ほとんど「意馬心猿」の産物だといえるだろう。だから、読者も身につまされて読むわけである。この「意馬心猿」は抑え込もうとしても無理だから、うまく飼い馴《な》らすほかはないが、この飼育法がまた千差万別ときている。ああか、こうかと工夫しているうちに、「時間」はどんどん過ぎてゆく。

この時間の速さは、いままでも、倉田《くらた》百三《ひゃくぞう》氏や安岡《やすおか》章太郎《しょうたろう》氏が触れていた。倉田氏はその代表作『出家とその弟子』で、「迅速《じんそく》の感じは老年にならぬとわからぬらしい」と老僧に述懐させる。もうすこし現実的なのは安岡氏の表現で、「バーなどで飲んでいると、午前零時を過ぎてから、急に時間が早く経《た》つ、おおもうこんな時間かと驚く感覚に老後の時間は似ていないか」というのである。

　気がつけば古稀《こき》（七十歳）。なんだ、ついこの間、還暦祝いで赤いスェーターをもらったばかりなのに、というのは誰にでも覚えがあるはずだ。

　その最大の理由は、おそらく「生理的に下り坂になった時、人生はようやく上り坂になる」（フランクリン）ことにあるだろう。

　定年前は地位が上がるとともに責任も重くなり、人間関係もふえる一方だから、時間の経過に気がつかない。本人が気がつかないだけの話で、時間の方は確実に過ぎてゆく。

　しかし、過ぎてゆくのは〝本人〟の時間ばかりではない。その人自身を支えていた他人の時間も過ぎてゆくのである。そして、人は自分の経過した時間と他人が自分に向けていた時間の経過分を合計した時点で、はじめて自分が〝過去の人〟になったことに気がつくのだ。

部長職のときに定年がきて退職した後輩から「こんな気持ち、わかりますか」と、打ち明けられたことがある。

定年で退社したのが三月三十一日で、その年は同僚や後輩が訪ねてきたり電話をかけてきたりした。休日ともなるとゴルフに誘ってくれたり、夜の八時頃に「いま、例のところで飲《や》ってますが、先輩、ちょっといらっしゃいませんか」と、電話がかかってもきた。ママさんまでが、「会社をやめたからって、うちを忘れちゃ、いやですよ」と、耳元で囁《ささや》いた。吐息が熱かった。日本って温《あたた》かいな、いい国に生まれて、オレ、幸せだな、とベッドに入ってから天井に向けて笑顔をみせた。

年が明けた。例年のように着物を着て下駄を突っかけ、郵便箱に年賀状を取りに行った。六枚しか来ていなかった。いつもは、取引先も含めて、百枚近くあった。それが同窓生と親戚からの六枚である。

「その六枚を持って、なかなか、家の中に入れなかったですよ。自分も妻も可哀《かわい》そうで」。しかし、彼はそこで開き直った。そうか、そういうことなのか、それなら自分の人生、全く違うところから出発させよう。「余生」と考えるのはよそう、「人生はダブルヘッダー・その第二試合が始まったんだ」、そう考えたという。

ヘッセ、ウルマン、荘子《そうし》の意見

いずれ年寄りになるのだから、四十歳の頃から老後の生活設計を考え、五十歳の声を聞いたら余生の過ごし方をきめろよ、つまり宋の哲学者・朱新仲《しゆしんちゆう》のいう「老計」（188ページ参照）でも読みなさい、と言われても、人間その時にならなければなかなか御輿《みこし》を上げぬようである。私なんかもその典型で、年をとってから観念してしたことといえば、老眼鏡と義歯を作ったことくらいである。

それでも周囲の同時代人が呆《ぼ》けたり亡くなったりすると、さすがに「老いるとはどういうことか」「死ぬとはどういうことか」を読むようになった。もっとも、この人は定年後に空手を始めて二段になったとか、九十歳でオートバイによる全国旅行をしたとか、そういう個別的な話と付き合っていては際限《きり》がないので、もっぱら「老」と「死」についての考えに関する思想・小説・詩に触れてきた。

「老い」について、最も多く「読んでごらん」とすすめられたのは、サミュエル・ウルマンの『青春』という詩だった。最初の一行から最後の一行まで、人間という実在の本質に向けた視線を微動だにさせないこの作品を、私は襟《えり》を正す思いで読んだ。「不幸なことに、日本には原著の変造英語版が出て、ユダヤ教徒であるウルマンが絶対に口にしない一節が勝手に挿入されている（「あなたは信仰によって若く」に始まる節）」と、いまはもう廃刊になった『花も嵐も』という老人向け専門誌に、ウルマンを日本で最もよく研究している作山宗久《さくやまむねひさ》氏が書いている。

私は作山氏の訳された『青春とは心の若さである』（ＴＢＳブリタニカ刊）から、感動を受けた二つの節をご紹介したい。

青春とは人生のある期間ではなく、
心の持ちかたを言う。
薔薇《ばら》の面差《おもざ》し、紅《くれない》の唇、しなやかな手足ではなく、たくましい意志、ゆたかな想像力、炎《も》える情熱をさす。
青春とは人生の深い泉の清新さをいう。

六十歳であろうと十六歳であろうと人の胸には、驚異に魅《ひ》かれる心、おさな児《ご》のような未知への探求心、人生への興味の歓喜がある。

君にも吾《われ》にも見えざる駅逓《えきてい》が心にある。

人から神から美・希望・よろこび・勇気・力の霊感を受ける限り君は若い。


ウルマンは一八四〇年にドイツに生まれ、一八五一年に両親とともにアメリカに移住、一九二四年（大正十三年）に亡くなっている。その間バーミンガム・ナショナル銀行の役員になるなどしたが、その生涯は地域奉仕活動をするなどむしろ地味で、晩年は娘夫婦の世話になって暮らしたが、「詩を書くことによって求心的に自らの内部に沈潜し、孤独を愉《たの》しみ、人生への肯定感を失わない」（作山氏）のだった。

それなのに、日本では高齢者を元気づける詩のように取扱われ、一時は松永安左エ門《まつながやすざもん》氏〔東邦電力社長などを務めた実業家〕が訳したという珍説まであらわれたのはウルマン氏にとっては気の毒だった。高度成長という気分の積乱雲を呼んで、ウルマンの詩も押し上げられたのだろう。いまは「老害の歌」だと眉《まゆ》をひそめる人もいるが、ウルマンの真意ではない。

ヘルマン・ヘッセには人生の応援歌の響きがある。ヘッセといえば、私のような年代のものにとって、ハンス・カロッサ〔ドイツの小説家、詩人〕とともに、「われらが青春の書」であった。ヘッセの『車輪の下』、カロッサの『指導と信従』、もうボロボロになるまで読んでいた。学徒出陣で中国戦線に送られ、遺骨とともに還《かえ》ってきた友人の遺留品の中にヘッセの岩波文庫版があった。

そのヘッセが天国から『庭仕事の愉しみ』という本を届けてくれた。庭仕事に熱中している私はすぐに買い求めて、まるで学生のように電車に乗るとすぐ読んだ。

「土と植物を相手にする仕事は、瞑想《めいそう》するのと同じように、魂《たましい》を解放し、休養させてくれます」（一九五五年秋、ヨハンナ・アッテンホーファー宛《あて》）

「庭仕事」について、これほど正直な告白をする人がいるだろうか。まるで青年である。それも首筋にさわやかな匂《にお》いを立てている青年の言うことである。すっかり満足している私に、ヘッセは、なんと『人は成熟するにつれて若くなる』という老人論を届けてくれたのだ。この本の題名は彼自身がつけたものであるという。私が感動した一節を紹介させていただく。

「若いとか年をとったとかいうことは、本来、平凡な人間のあいだにしか存在しないのだ。才能があり、洗練された人間はすべて喜んだり悲しんだりすることがあるのと同じように、あるときは年をとったり、あるときは若くなったりするものである。成人の本領は、青年よりもずっと自由に、ずっと簡単に、ずっと寛大に、自分自身の愛する能力とつきあえることである。（中略）老年が青年を演じようとするときにのみ、老年は卑《いや》しいものとなる」（岡田朝雄《おかだあさお》氏・訳）

若いときに兄に自殺され、自分もまた自殺を図《はか》ること二度。そんな心の傷《トラウマ》を抱えながら、この精神の柔軟さはどうだろう。「才能があり、洗練された人間」という言葉に挫《くじ》けることはない。「自分自身の愛する能力」と、自由に寛大に付き合ってゆけばよいのである。私は、ヘッセは私たちに「老人の美学」を贈ってくれたのだと思う。だから最後に「老年が青年を演じようとするときにのみ、老年は卑しいものとなる」という一行をピタリとおいたのではないか。

「自分自身の愛する能力」とスマートに付き合う人間の、喜びや楽しみは何か。ヘッセは詩《うた》う。

老いた人びとにとってすばらしいのは

暖炉《だんろ》とブルゴーニュの赤ワインと
そして最後におだやかな死だ――
しかし、もっとあとで、今日ではなく！

この詩のような人生の幕のひき方をしたい、と誰しも願う。ヘッセは人生の応援歌を書いたと私は紹介したが、応援歌を超えてむしろ頌歌《オマージュ》（ほめたたえる歌）を書いたといえるかもしれない。

ウルマンのように「青春とは心の様相だ」と捉《とら》えるのもいいが、ヘッセのように「人は、あるときは年をとり、あるときは若くなる」と認識するのも、変化があっておもしろいかもしれない。

一方、私たちは東洋の思想も身体の中に持っている。「還暦」を老いの門口《かどぐち》と、たいていの人はきめているのではないか。批評の神様といわれた小林秀雄《こばやしひでお》氏に『還暦』というエッセイがある。端倪《たんげい》すべからざる一文である。

「確かに過ぎて了《しま》って、今はない私の青春は、私の年齢のうちに、現に私の思ひ出として刻《きざ》まれて存《そん》する。これは年齢というものの客観的な秩序であって、私の力で、どうなるものでもない。従って、私は、幾つかの青春的希望が失はれたが、その代《かわ》り幾つかの青春的幻想も失はれた事と思ふ。言ひかへれば、私は、今の年齢が要求するところに応じた生活態度を取ってゐ《い》るのである。この私の思想の退《の》っぴきならぬ根源地を見てゐる限り、私には気まぐれも空想もない」（原文のママ）

このあとに続く文章で小林氏は「隠居」という言葉を取り上げ、いまは社会生活の条件が違って了ったという意味では隠居なぞ出来ないといってもいいが、隠居という言葉には、「私達が実に長い歴史を通じ、生活経験に照らし、練磨《れんま》して来た具体的な思想が含まれてゐる筈《はず》だろう」とし、田舎などに逃げ出す隠居にろくな者はないが、「大隠《たいいん》は市《いち》に隠れるの傳来《でんらい》思想は、日本人の生活の中に、恐らく、深く生きてきたのである」と展開して、『荘子』の中で孔子《こうし》が陸沈《りくちん》という言葉を使っていると紹介している。

陸沈とはなにか。小林氏の見解はこうだ。「世間に捨てられるのも、世間を捨てるのも易しい事だ。世間に迎合するのも水に自然と沈むようなものでもっと易しいが、一番困難で、一番積極的な生き方は、世間の直中《ただなか》に、つまり水無きところに沈む事だ」、と考えた。この一種の現実主義は、結局、年齢との極めて高度な対話の形式だ、ということになりはしないか。歴史の深層に深く根を下ろして私たちの年齢という根についての、空想を交《まじ》えぬ認識を語ってはいないか。

せっかくだから原文を紹介しよう。『荘子』の則陽篇《そくようへん》第二十五に「陸沈者」の話が出てくる。

孔子、楚《そ》に之《ゆ》き、蟻丘《ぎきゅう》の漿《しょう》に舎《やど》る。其《そ》の鄰《となり》に夫妻臣妾《ふさいしんしょう》の極《いね》を登《たてま》つる者有《あ》り。子路《しろ》曰《い》わく、「是《こ》の稯稯《しょくしょく》たるは何《な》ん為《す》る者ぞや」と。仲尼《ちゅうじ》曰わく、「是れ聖人の僕《ともがら》なり。是れ自《みずか》ら民《たみ》に埋《うず》もれ、自ずから畔《くろ》に蔵《かく》る。其の声は銷《き》え、其の志《こころざし》は窮《きわ》まり無《な》し。其の口は言うと雖《いえど》も其の心は未《いま》だ嘗《か》つて言わず。方《まさ》に且《まさ》に世と違《たが》いて心は之《これ》と倶《とも》にするを屑《いさぎよ》しとせざらんとす。是れ陸沈者《りくちんしゃ》なり。是れ其れ市南宜僚《しなんぎりょう》か」と。

老荘研究の第一人者、福永光司《ふくながみつじ》氏の訳がある。

孔子があるとき楚の国に旅行して蟻丘という山村の飲物売り屋に宿をとった。ところがその家の隣では夫婦と召使《めしつかい》たちがそろって年貢米を納める用意をととのえている。弟子の子路が孔子に、「あのせっせと田圃仕事にはげんでいる連中は一体なにものでしょうか」とたずねると、孔子は答えた。

――無為自然《むいしぜん》の道を体得した聖人のやからだよ。己《おの》れの身を名もなき民の間に埋れさせ、一介の農夫として田園に世をしのんでいる隠遁者《いんとんしゃ》たちなのだ。その名声は世間から消えはてて人々の口の端《は》にものぼらないが、彼らの精神は天地宇宙の悠久無限さに遊び、口でしゃべる言葉こそ人なみであるが、心は黙々として声なき真実の世界に安らいでいるのだ。彼らはいまや世俗に背をむけて、俗物どもに調子を合わせることを心にいさぎよしとしない反俗の求道者《ぐどうしゃ》たち、これこそいわゆる〝陸沈者〟――水中ならぬ陸《おか》の上で己れの身を沈ませているもの、すなわち世俗のなかに身をおきながら世俗から姿を没している大地の沈淪者《ちんりんしゃ》たちだ。おそらく楚の国の有道者、市南宜僚の一党に違いあるまい。

　ひととおり読んだだけでは文章の意味がもうひとつ理解しにくいかもしれないが、この「陸沈者」の話までに、『荘子』の内《ない》篇と外《がい》篇に語られている話は、ことごとく、といってもいいほど「無為自然」に通ずる話である。その第一歩は、斎戒沐浴《さいかいもくよく》というと我々は身を浄《きよ》めることをすぐ考えるが、もっと大事なのは世俗の価値観にまみれた心を浄めることで、これを「心斎《しんさい》」という。大阪の中心にある「心斎橋《しんさいばし》」は、この言葉を知っていた商人がつけたものである。

松永安左ェ門《まつながやすざもん》の見た夢

「意馬心猿《いばしんえん》」について語ろう。これを飼い馴らすことに失敗して、どれほど多くの才能が傷つき、数知れぬ晩節が汚《けが》されたことか。「身から出た銹《さび》」には違いないが、私の〝物書き仲間〟でも、人柄は良く、他人に優しく、仕事に几帳面《きちょうめん》で、おまけに頭脳も優秀の部に入るのに、とんでもない人や物事に足をとられて、消えていったものが少なくない。しかも、その幕のひき方も哀《あわ》れで、山奥の飯場《はんば》で息をひき取ったとか、外国の安アパートで日本料理屋のお運びさんの世話を受けながら死んだとか、胸塞《ふさ》がれる話が多いのである。

「人間、生きてきたようにしか、死なない」

この言葉は第五章で使おうと思ったが、茶碗屋の松井義夫君の亡くなり方、あるいは外国で自殺した海軍飛行予備学生の面影《おもかげ》、それからあの男、あの女と、追憶をひろげてゆくと、どうしても、いま先に書いた方がいいように思われるのである。

「人間、万事、塞翁《さいおう》が馬」で、無事に人生を終わることがまさに理想なのであるが、そこがそれ、「意馬心猿」が顔を出すのである。「生きてきたように」の内容は、所詮《しょせん》、意馬心猿との付き合い方かもしれない。

永井荷風《ながいかふう》に『つゆのあとさき』という佳品がある。この小説は昭和六年十月に『中央公論』に掲載された。荷風が書き上げたのは同じ年の五月で、彼は『夏草』という題名をつけたが内容と全《まった》く無関係で、その不器用さが編集者の間で笑いものにされた。雑誌発売の季節に沿ってつけられたのが『つゆのあとさき』、誰がつけたのか現在《いま》では定かではないが、照る日も曇る日もいずれも空気に重たさを感じさせる、そんな鬱陶《うっとう》しさが小説の全体に滲《にじ》み出ている。

物語は、清岡進という自堕落《じだらく》な大流行作家とその愛人君江の、饐《す》えた臭《にお》いの立ちこめるような関係が軸になっている。

この作品が発表されたあとの反響は大きく、谷崎潤一郎《たにざきじゅんいちろう》は「記念すべき世相史、風俗史」であり「不気味なくらい冷酷で虚無的」な描写は「モウパッサンの自然主義に最も近い作品である」と激賞している。

君江は銀座《ぎんざ》のカフェーに勤める女給だが、「十七の秋、家を出て東京に来てから、この四年間に肌をふれた男の数は何人だか知れないほど」である。といって、誰一人、愛した男はいない。だいたいが自堕落な女だから、嫉妬心《しっとしん》を持ったことがないのである。嫉妬心がなければ恋愛が成り立たないのは道理だろう。

「極めて自堕落で、物の始末をしたことのない、不経済な女」の君江は、自分の下宿している部屋に客がくると、鏡台の前の縮緬《ちりめん》の座蒲団《ざぶとん》を裏返して出すようなことをする。そんな女なのに、清岡をはじめ多くの男がひきつけられるのは、彼女が男にみせる科《しな》と彼女の肉体からである。どんな内容の女か。

「額《ひたい》は円《まる》く、眉も薄く眼も細く、横から見ると随分《ずいぶん》しゃくれた中低《なかびく》の顔であるが、富士額《ふじびたい》の生際《はえぎわ》が鬘《かつら》をつけたように鮮《あざや》かで、下唇の出た口元に言われぬ愛嬌《あいきょう》があって、物言う時歯並みの好《よ》い、瓢《ひさご》の種のような歯の間から、舌の先を動かすのが一際《ひときわ》愛くるしく見られた。この外《ほか》には色の白いのと、撫肩《なでがた》のすらりとした後姿が美点の中の第一であろう」

昭和六年といえばヨーロッパの耽美《たんび》主義やデカダンスラテンの風潮が残っている時代だが、荷風の筆は精確に女性の魅力を口元や肩の曲線で彫《ほ》り上げている。さらに、荷風は男が君江から逃《のが》れられない理由を、男の側からではなく君江の側から書いてゆくのである。

戦後の性愛小説は「セックス」という部分に表現も分量も集中させるきらいがあるので、性愛の中で崩《くず》れてゆく人格が描かれていないことが多い。『つゆのあとさき』に登場する男や女は、意馬心猿のうち最も手に負えない「性」に対《むか》い合って、生きる姿をきめられている。そこが、なんともやりきれないし、この作品が永遠の生命を獲得しているゆえんでもある。

「君江は男がどんなに怒っていても、結局、その場に至れば訳《わけ》もなく悩殺することができるものと、あくまで自分の魔力に信頼して安心している所がある。魔力というのは、生《うま》れつき君江の肌には一種の温度と体臭があって、別に技巧を弄《ろう》せずとも一度これに触れた男は終生忘れることの出来ない快感を覚えるという事である」

　作家の清岡のほかに、自動車の輸入業者、舞台の演出家、疑獄事件で投獄され出所してから成金《なりきん》になった実業家等々、昭和初期のプチブル（小市民）たちが、まるで都会の河を流れる浮草のように、あらわれては消えてゆく。荷風はこれらの存在を、憐《あわ》れむでもなく罵倒《ばとう》するでもなく、乾《かわ》いた文体の中に据《す》えてゆく。

　その流れの中で、荷風がぐいと手許《てもと》に引き寄せて書いたような人物がいる。君江との色恋沙汰《ざた》で尾羽《おは》打ち枯らした男で、あるときふらっと手拭浴衣《てぬぐいゆかた》の姿態《なり》であらわれる。

　手拭浴衣というのは今の人には馴染《なじ》みが薄いと思われるが、手拭を縫《ぬ》い合わせて浴衣に仕立てたもので、手拭の布幅が狭いため、ところどころハギを入れて縫い合わせ、ふだんは寝間着《ねまき》などに使われることが多い。

それを着て表《おもて》に出たのだからみすぼらしく見えぬはずがない。君江が「おじさん、どうなのよ」と呼びかければ、「このざまじゃあ、どうもこうもあったものじゃない。むかしはむかし、今は今だ」と寒そうに襟元《えりもと》を合わせた。その夜は君江とともに過ごし、翌朝、書きおきを残して何処《いずこ》ともなく消えてゆく。

このように荷風はとめどもなく流転してゆく人の姿を書きながら、その流れの中で凜乎《りんこ》として立ち直る女性を描いてもいる。陸軍士官の妻でありながら清岡と不倫の関係に落ちた鶴子である。彼女は清岡が流行作家になるや否《いな》や堕落し始めると愛想をつかし、娘であった頃教師だったフランスの女性に誘われて日本を離れるのである。荷風は鶴子に何を語らせたかったのか。いうまでもなく、「意馬心猿」を超えて生き抜こうとする自立の姿勢であろう。

ところで、「意馬心猿」も年齢《とし》には勝てぬものだろうか。一時、老年にさしかかった人たちの間で、「もう自衛隊ですから」というジョークが流行したことがある。「専守防衛」、こちらから攻めてゆく能力はないという洒落《しゃれ》である。

事業では「電力の鬼」といわれた松永安左エ門氏は、晩年は茶人らしく枯れたところを見せた。

煙草《たばこ》はふくもの（ふかすという意味）
酒は楽しいもの
女は惚《ほ》れるもの
茶は飲むだけのもの（茶は茶会のもの）

飄々《ひょうひょう》とした味わいのある言葉である。さすがは茶人、と感心したのだが、たまたま入手した『松永安左エ門九十歳病床日記』を読んで、その仕事に対する覇気《はき》と頭脳の回転には脱帽した。やはり一代の鬼才であったと認めざるをえない。次の章においおい紹介したいが、それに先立って、松永氏が語った夢の話がある。これがなんとも微笑《ほほえ》ましいのである。

昭和三十九年三月二十二日の日記である。後半部を原文のまま伝える。

「自分ガ老人デアリ松藤君《まつふじ》（今位ノ年齢）ヲ連レ東京ノ東郊外ノ様《よう》ナ処《ところ》デ福沢貞奴《ふくざわさだやっこ》（日本初の女優・川上貞奴《かわかみ》）、及《および》二三の仲間ト一所ニナリタ、其内《そのうち》別々ニナリテ予《よ》、松藤ノ方ニ女教員ノ卅二三（注・32〜33）の容貌ハ普通ダガ肉附《にくづき》良イヤサシイ処女婦人デ恋愛ヲ感ジタ、已《すで》ニ予ノ悪友ドモガ追ヒ駈《か》ケテ居《い》ルソウダ、予ハ誘惑ヲ感ジタガ、待テ〳〵、関係スレバ責任ガ出来、終生関係セネバナラヌ、夫《そ》レハマヅイ、決意シナガラ三人デ福沢邸、西《にし》ヶ原《はら》辺デ一所ニ会食スル約束ヲ思ヒ出シ道ヲ急イダ、道ハ新道ニ這入《はい》リ其突当《つきあた》リニ不動サン風ノ寺ガアル、梯子《はしご》ガ掛《かか》ッテ居ル、ナカ〳〵上リニクイ、漸《よう》ク手ヲ取リ引上《ひきあ》ゲラレタ、松藤ヲ顧《かえり》ミレバ平気デ身軽ニ上ッテ来タ、嗚呼《ああ》我レ老イタリト思ッタ、サテ之ヲ通リ抜ケテ西ヶ原ノ方ニ行ケルト思ッタラ是ハ寺ノインチキデ又《また》戻ラネバナラヌト云《い》フ、又別の嶮《け》ワシキ梯子段デ降リタ、此度《こんど》ハ東ヘ行ク道ハ更《さら》ニ見出セズ途方《とほう》ニ暮レタと云フ夢ダ、前日木曜会で木曽川《きそがわ》（注・川上）貞奴ノ寺ノ事ヤ誰レカガ桃介《ももすけ》（福沢諭吉《ふくざわゆきち》の娘婿《むすめむこ》で実業家。晩年、川上貞奴と暮らした）ヤ福沢（注・諭吉）先生の偉《え》ラサヲ咄《はな》シテ居タ事カラノ二連続劇デアロウ」

なによりもまず、病床にある九十歳の老人が自分の見た夢をかくも克明《こくめい》に覚えていること、人間の大脳のはたらきに驚く。第二に、毎日のようにこのような密度の高い日記を書いていること。根気というより記録することへの責任感と読みとるべきだろう。

さて、「意馬心猿」は九十歳の老人の夢にもあらわれてくるのである。「恋愛ヲ感ジタ」

「誘惑ヲ感ジタガ、待テ〳〵、関係スレバ責任ガ出来、終生関係セネバナラヌ」。いかにも明治の男である。べつに夢分析をする気はないが、「関係スレバ責任ガ出来、終生関係セネバナラヌ」は、松永氏が人生の中で負い続けてきた「愛の呵責《かしやく》」があればこその夢見だと、私は思う。

一子《かづこ》夫人に先立たれたとき、松永氏は自分で墓穴《はかあな》を掘り、自らの手で埋葬した。葬式は一切出さず、彼女の形見を風呂敷につつんで、生前親交のあった友人知己の間を配りあるいた。それも秘書も助手も使わず、あるときは薄汚《うすぎたな》いビルの階段を一段一段上りながら、自分で手渡した。それが終わると、夫人の位牌《いはい》に「慈愛貞淑」という四文字を書いた。松永氏は事業人としては「電力の鬼」と呼ばれていたが、人間的側面は「哀歓の鬼」であった。庭に小さな堂宇《どうう》〔堂の建物〕を作り、そのお堂と向かい合うところに縁側の椅子の位置をきめ、毎朝、そこでお茶を飲み新聞の切り抜きをするのだった。親友の小川栄《おがわえい》一《いち》氏に贈った色紙がいい。「無彼我」、これは「ヒガムナ」と読むのだそうだ。

第二章

老いてからの生き甲斐

「老いの入り舞い」華《はな》やかに

歌舞伎の舞台で、役者が退場する直前に引き返して、もう一指《さし》舞うのを「入り舞い」というが、おそらくこの情景からとったのであろう、年寄りが〝老い〟も見せずに新しいことを始める、新しいことを提案する、それを「老いの入り舞い」というようになった。

気持ちが若ければいつまでも老け込《ふ》まない、という言い方もあるが、「老いの入り舞い」には、おっとっと、こんなことで人生におさらばじゃ、私の気持ちがおさまりません、ひと言《こと》いわせていただきましょう、もうひと花、たとえ鉢植えの花でも咲かせてみましょう、という、そう、「気概」という言葉がふさわしい、精神的エネルギーを感じるのではないか。

一方で、「もう、私のような年寄りが出る幕じゃない」とか「年甲斐もなくしゃしゃり出ても嫌われるばかり」とか、掌をひらひらさせて出番をことわる人がいる。

たしかに、「また、あの爺《じい》さんか」と顰蹙《ひんしゆく》を買うことがあるが、その原因は「爺さん」

だからではなく、話がその場にそぐわなかったり、くどかったり、自慢話の響《ひび》きがあったりするからである。そうでなければ、若い人たちは、彼らの世界の中では聞くことも見ることもできない、言葉を待っているのである。

テレビなどで、年寄りがフルマラソンに挑戦したり、若い人が歌う歌を歌ったりすると、周囲の人はびっくりしたり感心したりする。その場では面白がっているが、内心の深いところでは、「ああ、人間ってすごい生命力をもっているんだな」と、感じているに違いない。言葉に出さないいだけである。

年をとった人が時として見せる瑞々《みずみず》しさ、それを「穏座《おんざ》の初物《はつもの》」というのだそうだ。江《え》島其磧《じまきせき》の『傾城色三味線《けいせいいろじゃみせん》』という芝居に出てきたというが、昔も今も、年寄りの言ったりしたりすることには、人を動かすなにかがあるのだろう。

前章で紹介した『松永安左エ門九十歳病床日記』などその宝庫だが、昭和三十八年十月三日の頁《ページ》に、次のような記述がある。原文のまま引用する。

「嘗《か》ツて四十五年前、ロンドンの公園、パリの野外で、若キ男女ガ抱擁《ほうよう》シテ人目憚《はばか》ラズキッスシタリ実行シタモノヲ憤慨《ふんがい》シタ事ガアルガ、現今ノ御苑ノ芝生デハ其《その》光景ヲ見ルコトガ出来るのハ、開放と自由ハ日本でも同ジコトで進ムデアロウ唯《た》ダ綺麗な男女のアベック姿は絵にもなるが、薄《うす》よごれた仲年《ちゆうねん》の男女のアベック姿ハ通リスギル歩行者ニ何か不安な前途の陰《かげ》を思はせるものがあって、チェホフの落魂《らつこん》（魄）の恋とも云《い》ふべきものにや」

私は、あなた、老醜《ろうしゆう》を見せたくありませんよ、と松永翁《おう》一流のダンディズムが溢《あふ》れている。これはこれで楽しいが、この日記の一文から三十年以上たったいま、「仲年の男女」のアベック姿は薄汚れているどころか、若者どうしのカップルよりも、静かで豊かで余裕があって、微笑ましい景観になっているのが日本ではないか。

こう考えれば、どんな時代にも「老いの入り舞い」「穏座の初物」は必要で、大切なことは、次の世代の人が「入り舞い」をどのように見て、時代にそれを生かしてゆくか、であろう。

松下幸之助氏が八十一歳のとき盛田昭夫《もりたあきお》氏〔当時、ソニー社長〕と対談した『憂論』という本がある。その中で、松下氏は「人間は七十になったら語るべきことを語ること」「公憤を持つべきこと」の二点を、盛田氏に語っている。

「西ドイツのアデナウワーが首相であったとき、アメリカのアイゼンハワー大統領と二人で話をしたというのです。いろいろ話しているうちに、アデナウワーが言うには〝人生は、七十歳にして初めて語れる、七十歳までは、人生を語っても、ほんとうのことはわからない。まあ、その人なりにいろいろ言うことはできても、これはホンモノではない。ホンモノになるのは七十過ぎてからであって、七十になって初めて人生とは何かが語れる〟と、そう言ったそうですな。そのときにそれにあわせて、もう一つ言ったことがある（中略）。それはどういうことかというと〝このことは全国民のために許せない。ことは小さいけれど、これは放っておけない〟というような、公《おおやけ》の怒りとでもいいますか、公憤ですな。こういう公憤を持たない指導者はほんとうの指導者ではない、そうアデナウワーはアイゼンハワー米大統領に言ったらしいです」

このあと、松下氏は「日本の総理大臣のうちで誰か公憤を持った人がいたかどうか考えてみたが、とうとう思いあたらなかった、これでは日本が乱れるのも当然ですな」と語っている。

もうすこし、「老いの入り舞い」を紹介してみよう。以前、東京電力の会長で経済同友会代表幹事もつとめた木川田《きかわだ》一隆《かずたか》氏は、松永安左エ門氏は産業資本の代表、小林一三《こばやしいちぞう》氏は商業資本の代表、この二人を語れば「昭和経済史」は手にとるようにわかりますよ、と私に教えてくれたことがある。

松永氏は官僚が大嫌いだった。生前、叙勲の話がおこり、通産省から「受けるか、否か」の打診があると、「キミたちは私の事業をさんざん抑えつけておいて何を言うか。だいいち、私の仕事を安全地帯で暮らすキミたちが評価すること自体、失礼じゃないか」と、きっぱり断《ことわ》ってしまった。この松永氏の顰《ひそみ》に倣《なら》って、叙勲を断っている財界人を私は何人か知っている。

一方、小林一三氏は政治が経済に口出しをするのをひどく嫌った。それに従う金融機関も真正面から攻撃した。『逸翁《いつおう》自叙伝』の中に、次の一節がある。

「必ず東京の事業には政治が伴《ともな》っている。あるいは近代の政治組織がこれに食い入っている。東京のあらゆる会社がそうであるといって宜《よろ》しくはないかと思います。あらゆる有名な会社事業は大概《たいがい》政治の中毒を受けている。又もしいうを許すならば、日本銀行も中央銀行として自分の思うままに働く事は出来ない。興業銀行は、どこの銀行よりも、銀行自体の本来の業務許《ばか》りをやっておれない。むしろ政治に利用されている。これは私が申すまでもなく天下の公論であります」

小林氏がこの意見を述べたのは昭和二十八年、八十歳のときである。

小林氏のライバルだった松永安左エ門氏も病床にありながら仕事の方はどんどん進めて

いる。「昨年入院シテ直《なお》ッタ肺結核の跡ニ此頃《このごろ》新種のカビが発生シ、ソレが痰咳《たんせき》を起コシテ居《い》ル」「写シタ斗《ばか》リノ写真左肺空洞ノ中ニ一銭銅貨大《だい》の輪形の暈《くま》が出来て居る」という病状なのに、中央電力研究所の企画会議室やエネルギー研究所の会合に出席する一方で、関東地方の工業地帯にエネルギーを供給する大型ダムをつくるべく余念がない。佐藤《さとう》（栄《えい》作《さく》）首相を料亭に呼んで、ダム建設の事情を説明する際、官僚統制は困るよ、と釘《くぎ》を刺している。二月二十五日の日記に曰《いわ》く。

「十九日金旺《よう》ノ夜山口で佐藤総理ト山口で（原文のまま）会合。鈴木貞《すずき》（貞一《ていいち》氏）、武吉《たけよし》（道一《みちかず》氏）、初《はじ》メカラ地図ヲ拡《ひろ》ゲテ主ニ沼田《ぬまた》ダムの治水《ちすい》、利水ノ必要緊急性ヲ説ク、是《これ》ガ母ナル水で関東、東京湾工業ハ初メテ蘇生スルト説ク　アトハ武吉ガ佐藤アンダーソン石油問題に触レタヨーダ、佐藤ハ〝為《な》ス事業ニ多シ〟併《しか》シ〝沼田ハ第一ニ自分ハヤル〟ト云《い》ッタ、アトデ武吉ニ聞ケバ　六月内閣改造、其新内閣ノ大キナ政策として邁進《まいしん》スルト宣言確信シタトノ事デアル。

予《よ》ハ八時迄《まで》ハ居ル積《つも》リナリシモ云フ丈《だ》ケハ云ッタ（仮令《たとえ》バ日本の企業ハ民間ノ創意、自由企業ヲドコ迄モ続ケルべキダ）、佐藤モ吉田サンノ例ナド引イテ、民間自由、政府統制行《い》キ過《す》ギ抑圧ヲ誓《ちか》ッタから七時にハ蕎麦ナドニ腹ヲ太《ふ》トメ、お先《さ》キニ辞去、九時半小田原《おだわら》　入浴入寝」

以上のように、松下、小林、松永各氏の「老いの入り舞いぶり」を辿《たど》ってゆくと、年齢を超えた持続性のあるエネルギーが感じられ、「定年」だの「停年」だのという言葉が、官庁や企業の人事管理の必要からやむをえず創り出されたもので、人間そのものを語るうえでは便宜的、一時的なもののように思えてくる。

この人たちのエネルギーの源《みなもと》はなんだろうか。私は、闘志ではないかと思う。同業他社との競争はいうまでもないし、監督官庁の規制にもうんざりさせられていたろう。しかし、彼らの闘志をかき立てさせたのは、自分自身に対する戦い、「昨日《きのう》の自分」ではない自分をいつも求めていたのではないだろうか。

小林一三氏は宝塚《たからづか》に少女歌劇場をつくって成功を収めると、東京進出をはかった。狙《ねら》いは有楽町《ゆうらくちょう》である。彼は数寄屋橋《すきやばし》の袂《たもと》に立って、銀座から有楽町に向かう人の数、その反対の流れの人の数を、計算機を手にして数えていた。大阪では、阪急電鉄・阪急百貨店を手がけ、宝塚少女歌劇を成功させた。もっともこの成功は彼自身の着想ではない。はじめ、宝塚はわかし湯の温泉場だった。若い人のために鉱泉をひいてプールをつくったが、温度が低すぎて不人気となり、温泉の方もさびれてしまった。ある日、思案投首《しあんなげくび》で大阪の町を歩いていると、「三越少年音楽隊」の演奏が耳に入った。なかなかのものだと感心して評判を聞いてみると、これがかなり高評だった。これを宝塚で「少年」を「少女」にかえて成功した。つまり、「タカラヅカ」は「三越少年音楽隊」のコピィである。が、東京進出にはコピィがない。どういうものをつくろうか、小林氏は大阪・東京間の列車の中で寸暇《すんか》を惜しんで考えた。あとになって、次のように述懐している。

「列車に乗り込むと、すぐコンパートメントに入ってカーテンをひいてしまうのです。考えや読書を邪魔《じやま》されないためです。大阪・東京間を何百回か往復しましたが、私は、ついに車窓から富士山《ふじさん》というものを見たことがないのです」

老人にさせられる

仕事柄テレビをしょっちゅう見ている人から、近頃は男も女も、番組を司会する立場、ニュースを読む立場にいる連中が、「ハイ」ないしは「ハーイ」を連発することに気がつかれませんか、と尋ねられた。気がつくにもなんにも、ニュース番組だろうとお宝鑑定だろうと、同じ調子で「ハイ」「ハーイ」では、気分が損《そこ》なわれて、とうとう見なくなりましたと答えると、そうでしょう、私もだから「ハイ」「ハーイ」を頻発《ひんぱつ》する番組は女房に見せて、あとで批評を聞くことにしていますと、真顔《まがお》で答えられた。

「ハイ」「ハーイ」の前は「サ」だった。鈴木健二《すずきけんじ》さんや草野仁《くさのひとし》さんがよく使った。NHKのアナウンサーの中には、いまだに「サ」から入る人が多いが、「サ」の前は「サテ」だった、これはよかった。ベテランのアナウンサーが国内ニュースを読み終えて、海外ニュースに入る、その段落のところで「さて、アメリカですが、財務省は」と読みはじめると、聴き手はひとつの快《こころよ》い流れの中に身をひたすことができた。

「サテ」「サ」「ハイ」、いずれも民謡でいうと、「ハァー」「エンヤードットッ」に相当するのだろう。一種の景気づけでもあるし、声を出しておくと本題に入りやすいのである。昭和三十年頃、海老サマともてはやされた十一代目団十郎《だんじゅうろう》（市川《いちかわ》団十郎）が『切られの与三《よさ》』を演じたとき、「しがねえ恋の情けが仇《あだ》」の名セリフに入る前に、ホンの短く「あ」を置く、つまり「あ、しがねえ恋の」となると、むかしの恋人の前ですねてみせる、その男の遣《や》り場のない気持ちがひとつかみに理解されて、「ああ」と溜《た》め息をついたものである。いまでもCS（通信衛星）で見ることができる。

だから「サテ」も「サ」も悪くはないのだが、「ハイ」「ハーイ」はどうも耳障《みみざわ》りでいけない。ニュースが終わる。気象情報になる。ニュースアナウンサーが「次はあしたのお天気です」と言っているのに、つなぎのCMが終わると、「ハーイ、気象情報です」とウェザーガールが出てくる。なんだか「ラーメン一丁」「へイ、お待ち」と言われているみたいである。

むかしの言葉でいうと、「実意《じつい》がない」のである。自分の仕事を調子よく進めるために「ハイ」「ハーイ」を使っているのであって、相手との気持ちを通わせるシグナルとはとても思えない。

ところが、この「ハイ」「ハーイ」はテレビ局の中ばかりか、いや、それ以上に病院や老人介護施設でも使われている。明るい響きがあっていいじゃないかと病院側はいうのだが、誰彼の見境《みさかい》もなく「ハイ」「ハーイ」を使われる側の心理的影響は検討されていないようである。

見るからに品のよい婦人が入院した。例によって、若い看護婦さんがベッドの傍《そば》に立つと「ハーイ、おばあちゃん、血圧、測《はか》りましょうね」とやった。測った結果を見て、「あらら、ちょっと高いわね」と看護婦さんは正直に言った。それからは「ハーイ、血圧」のたびに「あらら」である。

患者にしてみればあたりまえの話だった。「見るからに品のよい」と紹介したが、患者は古都の旧家の当主の妻である。家では「ご新造《しんぞう》さん」もしくは「ご寮《りよう》さん」と呼ばれている。外へ出れば「様《さま》」づけである。それを見ず知らずの小娘にいきなり「ハーイ、おばあちゃん」とやられるのだから、血圧が上がらない方が不思議である。

岐阜では日本で十指のうちに入る宮大工を見舞った。特別室に室町時代の建築関係の本を山のように持ち込んで、「久し振りに勉強ができるぜ」と笑顔を見せたがどうも元気がない。「棟梁《とうりよう》にしちゃパッとしないね。なにかおもしろくないことでもあるのかい」と水を向けると「なにね、たいしたことじゃねえんだが、なんだか病院に入ったら、ほら、お前さんもご経験の、あの軍隊に入営したときに受ける扱いのようなものを感じちゃってさ」と前置きして話しはじめた。中味は、前に紹介した「ご新造さん」の体験と質的に同じである。

「特別室に入って寝巻きに着替え、やれやれとベッドの上にひっくりかえったら、ドアを勢いよくあけて入ってきた若い看護婦さんが、〃ハーイ、おじいちゃん、血圧測りましょうね〃とまるで幼稚園の子に言うように言うんだよ。おれ、頭に来ちゃってね。偉《えら》ぶっていうんじゃないけど、仕事場では棟梁、家ん中じゃ〃おやじさん〃だろ、それがたちまち〃おじいちゃん〃だからね、軍隊に入った途端に、〃オイ、二等兵〃と呼ばれたのを思い出したんだ。幸《さいわ》い院長が川釣りの旧友だもんで、たのむから俺の部屋には若い子をよこさないでくれってね。院長は、〃ああいいとも〃と言ってくれたけれど、そんな我儘をいう俺は、やっぱり年寄りなのかなあと、さっきから考えているんだよ」

看護する側からいえば、「ハーイ、おじいちゃん（おばあちゃん）、何々しましょうね」は親愛の情をこめた表現のつもりなのだろう。そんな口調で言えば「可愛い孫に言われているようだよ」と喜ぶ老人もいるに違いない。しかし、極端にいえば、「ハーイ、おじいちゃん（おばあちゃん）」は、いきなり相手を「老人扱い」したことになる。じつは、老人がいちばん嫌がるのは「老人扱い」なのである。具体的な例がある。日本にも進出したアメリカのゴルフ道具の販売会社は、老人用のクラブを売るときに、「ヘッドスピードが四十以上の人は使わないで下さい」という、小綺麗《こぎれい》なステッカーをクラブの柄《え》に貼っておいた。これが効《き》いて、この老人用クラブは飛ぶように売れた。日本の販売会社は芸がない。わざわざ「シニア・コーナー」を設けて老人用クラブを売ったのだ。間もなくこの会社は倒産した。それくらい、老人は「老人」と言われるのを嫌うのだ。言葉でさえそうなのだから、「老人扱い」はもっと老人を傷つける。つべこべ説明するよりも、スウィフト（『ガリバー旅行記』などを著《あらわ》した作家、随筆家）の名言を紹介しよう。

「誰でも長生きしたいと願うが、年をとりたいと願う人はいない」（『雑観集』より）

人間とはそうしたものなのだろう。さて、本人が「年をとりたくない」と心の底で願うのは自由だが、「私はまだ老人じゃない」と言い張られるのは社会にとっては迷惑だ。人事は渋滞《じゅうたい》するし、景色はよろしくないし、いちいち老人にしゃしゃり出られては気鬱《きうつ》でもある。そこで、「老人にする」という知恵が若いものの間に発生する。つまり、人間は「老人になる」よりも「老人にさせられる」のである。人間社会における力学《ダイナミズム》を、最も素朴に、最も実証的に描いてみせたのが、ヴェルマ・ウォーリスの『ふたりの老女』（亀《かめ》井《い》よし子氏・訳、草思社）である。

話はアラスカ・インディアンに伝わる棄老《きろう》伝説がベースになっている。著者のウォーリスは、アラスカの北極圏からわずか数キロに位置するフォート・ユーコンに一九六〇年に生まれている。先祖代々受け継がれてきた伝統によって育てられたアラスカ・インディアンの一集団グウィッチン・グループに属する女性だ。

話は集団のリーダーが、彼らを待ち受けている厳しい冬について語り、その冬を乗り切るためにはひとりひとりがみんなのために貢献しなければならないと諭《さと》したあと、きっぱりとした大きな声で告げるところから始まる。

「われわれは老人をおいていかねばならない」

チディギャークという八十歳の老女と、少し年下のサという老女が集団から外される。つまり、棄老である。彼女たちは、反対を口にすれば、リーダーが激昂《げっこう》して、もっと不幸なことになることを知っているから口をつぐむ。二人の老女の家族たちも、悲しみに打ちひしがれながら、去ってゆく。

それから老女たちの生きるための闘いが始まる。まず、リスを投げ斧《おの》で殺し、次は移動のための引き橇《ぞり》をつくるなど、最低気温マイナス五十七度、最高気温プラス三十六度という状況の中での〝生きる知恵〟が次々と展開される。「生きた知恵は、暮らしの足元に落ちている」とは、古代ギリシア人の名言だが、老女二人の獲物をつかまえる仕掛けづくりや肉をスモークして保存する方法など、読んでいて、自分も一度やってみたくなるほど魅力的である。

しかし、即物的な物語とともに刺激的なのは、老女たちが「自分がなぜ集団から棄《す》てられたか」「だから、これから先、どうしたらよいか」「若いとか、老いるとはどういうことか」という問題について、自分で考えたことを言葉として発する、そのシリーズである。

「ねぇ……ここに坐《すわ》っていれば死ねる。たいして時間はかからないだろうさ……だけど、あたしらがこの世にさよならするのは、まだずっと先のことだ。ただし、こうしてただ坐ってちゃ、死んでしまう。そんなことにでもなったら、あたしらが無力な老いぼれだという連中の考え方が正しかったことを、証明することになるじゃないか」

「あたしらには長い人生のあいだに身につけてきたことがいっぱいある。なのに、きのうまでは、年寄りだってのをいいことにして、自分たちは人生の役割をもう果《はた》したんだ、なんてことを考えてた」

「あたしらがあんまり長いこと、自分たちはもう無力だ、なんて若い者に思わせるようなことをしてきたから、若い者のほうも、あのふたりはもうこの世の役には立たない、と思いこんでしまったんだよ」（以上、サが年上のチディギャークに話しかけた言葉）

サの言葉に気持ちのほぐれたチディギャークは、無力感から脱《ぬ》け出して、こう言う。

「おたがい、前にもこんなことをいったおぼえがあるし、これからだってなんべんもいうんだろう。でも、あんたのいうとおりだ、とことん闘って死んでやろうじゃないか」

人間が年寄りになるのは自然の摂理《せつり》である。誰も避《さ》けられない。が、年寄りの程度は千差万別で、資質としての個体差や高齢化するまでにどんな人生を送ってきたかなど、その人自身の持つ理由がある。その理由以外に、周囲が「老人をつくってしまう」あるいは「老化を早める」ということもありはしないか。「老人には親切に」のマナーの中味を考えてもらいたい。

墓場に持ってゆく話

昭和六十二年から平成七年二月まで、正味七年二か月にわたり、七人の首相に官房副長官として仕えた石原信雄《いしはらのぶお》氏が、職を辞してからさまざまな人の質問を受けて、湾岸戦争のときはどうだった、細川護熙《ほそかわもりひろ》という人はどうだったと語っているのを読んで、さすがに官僚機構のトップにいた人は違うなと、その記憶力の抜群なこと、人を傷つけるような直接話法を避けて人物批評をするバランス感覚などに、舌を巻いた覚えがある。

人間というものはおもしろいもので、人物なり事件なりのほぼ全体を覚えているときは、なにかひとつ、忘れられない言葉とか動作・表情などがあって、それがキイ・ワードになっているのではないだろうか。

石原氏にもそれがあった。

「この話は墓場まで持ってゆこう、という話も、いくつかありますがね」

この「墓場まで持ってゆく話」というのは、もちろん、石原氏がはじめてではない。日本の社会に暮らしてゆくうえの知恵あるいは工夫として、伝えられてきた一種のマナーである。

かりに、「墓場まで持ってゆこうと思っていましたが」と相手が切り出し、人物あるいは事件について真相らしきものを語った場合、その内容が現存している人物を傷つける恐れがあったり、物事自体が完結していてやり直しがきかなかったりする場合、「墓場へ持ってゆこうと思った話」を聞かされた人はどうするか。

「その話、聞かなかったことにしておきましょう」

そう言って席を立つか、あるいは話題を変えるかするものである。いや、日本人ばかりではない。戦後すぐ見たフランス映画で、「俺もずいぶん女遊びはしてきたよ。そう、何人になるかなぁ」と一人が回想を始めると、その友人が黙って立ち上がって野原の隅《すみ》で立小便をするシーンがあった。若かった私は友人と二人で「粋《いき》だね、フランス人っていいね」と、肘《ひじ》で突つきあいながら喜んで見ていたが、「聞くほどの甲斐のない話」を鼻先で笑ってやりすごすというのは、やはり大人の生きてゆくうえのルールなのだと思う。

ただ、「墓場に持ってゆく話」として、永い間胸に蔵《しま》い込んだものでも、その話をしなかったために事柄が誤解されて伝わる、その結果、それに係《かか》わった人の名誉まで汚《けが》される、あるいは、その話のために俗にいう「死んでも浮かばれない」という状態が起こっている場合、やむをえず公開してしまう場合もある。

適切な例がいくつかあるかもしれないが、私は、十年前に『水は深く掘れ』という本で紹介したある海軍軍人の「墓場に持ってゆく話」を、もう一度、再現したい。「沖縄特攻はどの艦《ふね》にも片道分の油しか持たせなかった残酷な作戦だった」という断定が太平洋海戦史の中で正史として語られているからである。

しかし、沖縄作戦が終了し、出動した艦のうち、大和《やまと》、矢矧《やはぎ》、磯風《いそかぜ》、浜風《はまかぜ》、朝霜《あさしも》、霞《かすみ》が沈没したが、冬月《ふゆつき》、涼月《すずつき》、雪風《ゆきかぜ》、初霜《はつしも》などの駆逐艦は生還したのである。駆逐艦のような燃料タンクの容量の小さい艦が沖縄・呉《くれ》間を往復できたことは、はじめから「片道燃料」でなかったことを物語っていよう。それを、戦後の戦史家たち、日本海軍を書き継ぐ物書きたちは、なぜ、書かないのか。なぜ、「片道特攻」という四《し》の五《ご》の言わせぬ強い表現を再検討してみようとしないのか。

語るのは小林儀作《こばやしぎさく》氏（故人）である。沖縄戦当時は連合艦隊参謀（燃料担当）の海軍大佐で、「戦艦大和沖縄突入作戦について」と題する一文を『水交《すいこう》』という雑誌に寄稿している。

昭和二十年三月二十日、連合艦隊の作戦命令が第二艦隊（旗艦は大和）に発令された。この命令書の中には、たしかに「搭載燃料は片道とする」という文字はある。

小林大佐は、命令伝達に赴く草鹿《くさか》龍之介《りゆうのすけ》中将にたのんで「大和」に乗艦し、第二艦隊機関参謀の松岡茂《まつおかしげる》少佐に会って「今回の出撃の為《ため》の燃料補給は聯合《れんごう》艦隊参謀である小林大佐が直接行なうから一任してほしい」と了解を取り付け、ただちに高速艇で呉鎮守府《ちんじゆふ》に赴き、機関参謀今井和夫《いまいかずお》中佐と面談する。今井中佐は海軍機関学校で小林大佐の二期後輩である。以下、小林氏の文章による。

「おい今井君、今、貴様《きさま》のところでは、帳簿外の重油は幾許《いくばく》あるか。私はもと海軍省軍需局に勤務して居《い》た時、出師《すいし》準備計画を担当して居《お》り、また軍令部参謀もして居たので、全海軍の重油タンクの状況はよく知って居る。呉鎮守府傘下《さんか》は一番重油タンクが多いので、喞筒〔ポンプ〕で引かれない油が相当沢山タンク内に残っている筈《はず》だ。これらの未報告の帳簿外の重油が四～五万トンはあると思っているが、どうか。無理かも知れないが、この帳簿外の重油の一部を俺にくれ、と云《い》う。今井君は小林さん一体どうしたのですか、藪《やぶ》から棒のお話、訳がよく解《わか》りません。勿論《もちろん》、帳簿外の重油は相当量持って居ります。事情を説明して下さい……」（原文のママ）

そこで小林大佐は、「大和」を旗艦とする第二艦隊の沖縄突入作戦が決まるまでの経緯を詳しく説明し、言葉を継いでゆく。

「たとえ生還の算《さん》少なしとは云え、燃料は片道分だけしか渡さないと云うことは武人の情《なさけ》にあらず、往復の燃料を搭載して快く出撃せしめたい。今回無理を云って聯合艦隊参謀長に随行して来た私の目的は唯《ただ》この一点だけである。聯合艦隊参謀と云う公職で頼むのではなく、小林大佐一《いち》個人の懇願なのだ」

今井中佐は快諾する。二人で実施方法をきめる。

一、各艦に往復燃料を補給する。然《しか》し連合艦隊命令で重油は片道分のみ補給と命令されているので、片道分は帳簿外燃料より補給す（タンクの底の重油は在庫として報告していない。これらを手押しポンプで集めれば相当な量となる。これが帳簿外重油）。

二、補給船には往復燃料を搭載するように命令する。上司報告（求められた時のみ）には片道分の重油搭載を発令したが、積み過ぎて余分を逆に吸い取ろうとしたが、出撃に間に合わないのでそのままにした、とする。

つまり、小林大佐と今井中佐は、二人だけが知っている「シナリオ」を書いたのである。この結果、旗艦「大和」には四千トン、第二水雷戦隊の旗艦「矢矧」には千三百トンが積み込まれたのをはじめ、合計搭載量は一万四百七十五㌧に達していた。だからこそ、海戦が終わってから、冬月以下四艦は沖縄から呉に帰投できたのである。「片道特攻」では、この「だからこそ」は成り立たない。しかし実際は可能だった。小林大佐が「墓場に持ってゆく話」にしたのは当然だろう。しかし、戦後、海軍の、というより軍部の「非情」を攻撃する言葉が強くなりすぎた。その圧倒的な時代的正論に対して、「片道特攻」という命令下にも「武士の情け」はござったのよ、といっておきたい、それが墓場の手前で披露した小林大佐の心情である。

こういう「墓場の手前の話」に接すると、ものを書いたり人前でお話をしたりさせて頂いている私は、忸怩《じくじ》たる思いに沈む。書くにせよ話すにせよ、わかったような顔をしなければできないものだが、さて、その「わかったような顔」の裏側で、どれほど「墓場に持ってゆく話」、あるいは「秘すれば花」の教養がもたらした沈黙があったことか。

一千頁《ページ》になんなんとする書を書き上げ、仲間うちからの評判もよく、世間にも受け入れられて、盃《さかずき》に美酒《うまざけ》を注いでわれとわが身をねぎらっているとき、床の下から「あんたは、大事なことを知らないで仕事をしてしまったね」と、透明な声が漏《も》れてくる。暮夜《ぼや》ひそかに、たったひとりでいる書斎で、私はこんな小景を何度空想したことだろう。

国にも社会にも組織にも家庭にも、幾度か「一件落着」があったに違いない。それが「正解」であるためには、「解」に至る方程式に、誰の目から見ても整合性があり、常識の範囲で理解可能がある、という担保がひそんでいる。しかし、昔からいわれるように「人事不測《じんじふそく》」である。人間のやること、人間の間に起こること、到底、予測できることではない。早い話が、この国にバブル経済が起きたとき、自由に使えるたくさんの余資を株と土地に投資し、そうやって地代《ちだい》を上げておいて、こんどは地代が上がったから土地を売りなさいと商店街の八百屋や魚屋の土地を「地上げ屋」を使って買い上げた張本人たちは、ほとんどが教育ママたちが仰《あお》ぎみる国立一期校の卒業生たちだったのだ。「あのときは、みんな、やっていたんですよ」というのは強弁《きょうべん》のかぎりで、伊予銀行、北洋銀行、滋賀銀行、東レなどはバブルに手を染《そ》めていなかった。では、どんな投資先があるかといえば、当時すでに、社会の余資を「社会福祉プログラム」「国土保全（森林・里山・河川）プロジェクト」「人口と食料のアンバランスに対する総合計画」など、すぐには利益を予測できないが、将来は、国の柱になる計画が顔を見せていたのである。

私は、銀行や企業の中にも「株だ、土地だ、とさわいでいないで、長期計画をやりましょうよ」と提案した人が、必ず、一人や二人はいたと思う。しかし、社内では少数派であったろうし、マスコミも取り上げなかった。おそらく、総合計画派は主流からはずされ、いま頃はどこかの老人クラブで、黙《もく》して語らず、みんなから慕《した》われて、穏やかな毎日を過ごしているに違いない。しかし、そういう人であればなおのこと、いまの国家社会の転落ぶりを見れば見るほど、胃の痛い思いをしているのではないか。そして、バブル時代に先頭を切って働いた男が、いままた時流に乗って「経営の神様」とか「現代の諸葛孔明《しょかつこうめい》」などといわれているのを横目に、「墓場に持ってゆく話がふえましたよ」と、苦笑してもいるのではないだろうか。

しかし、「墓場へ持ってゆく話」から具体性を捨象《しやしょう》すると、社会や時代に対して何らかの教訓が姿をあらわすことがある。いってみれば、「墓場に持ってゆく話」は、物語から教訓に姿を変えた場合はよく伝わるようである。

萩原吉太郎《はぎわらきちたろう》氏〔北海道炭礦汽船社長などを務めた実業家〕は九十五歳で『随縁真如《ずいえんしんによ》』という本を上梓《じょうし》した。宗教、事業、政治、交友について率直に、しかも気張らず、淡々《たんたん》とした語り口が心地よいが、その「淡々」が実は萩原氏の自己定位の厳密さに由来していることを、永田雅一《ながたまさいち》氏〔大映社長などを務めた実業家〕や児玉誉士夫《こだまよしお》氏〔右翼運動家、政界の黒幕〕との交友についての話から知ることができる。

昭和三十五年、萩原氏は高村象平《たかむらしょうへい》慶大塾長から理事就任を依頼され承諾したが、数日後に「評議員会議長の小泉信三《こいずみしんぞう》氏から萩原さんは友達が悪いから理事会に波風を立てるおそれがあると発言があった」と聞かされ、それではと理事を辞退する。五年後、永澤邦男《ながさわくにお》氏が塾長になり「理事会に波風が立っても新風を吹き込むことになる」と萩原氏は迎えられ、以後、二十五年間、理事として努力することになる。この間、昭和五十一年、ロッキード事件で児玉誉士夫氏がマスコミの槍玉《やりだま》に上がったとき、萩原氏の名も週刊誌や新聞が派手に取り上げた。その最中、萩原氏は慶応大学の卒業式で祝辞を述べることになった。「最初に〝私はいま、新聞、週刊誌を賑《にぎ》わしている萩原吉太郎でございます〟といった。卒業生諸君はドッと笑った。だが私は、〝古来、朱に交われば赤くなるといって友人は選んで交わるべきだと教えられているが、私は友人の善悪を考えるよりは、友人が真実の友情を抱いているかどうかの方が大切である。どんな友人と付き合っても、ただ、ノーといい切る勇気を持っていればよい〟といった。卒業生諸君は神妙に私の話を聞いてくれて嬉しかった」。式後、父兄として出席していたフランキー堺《さかい》さんは「素晴らしい友人観だ。私はあなたがロッキード事件に関係されなかったことがはっきりとわかった」と言った。

神はアンコールに応《こた》えない

「人の身体は食を求めるが、人の心は友を求める」とは言い得た言葉だと思う。前に紹介した『ふたりの老女』の話の中で、私は私だけの感興にすぎないかもしれぬと思い、紹介しなかったが、もっと大きな視点から「この話、お伝えしたい」と思うので書いてみる。

チディギャークとサの二人の老女は、アラスカの過酷な自然の中を生きぬいてゆくのだが、たった二人だけの世界なのに、日々の生活の単調さを破るために、毛皮の帽子や手袋をプレゼントし合ったという。

私は、この話にひどく感動した。

広漠《こうばく》たる世界の中で、毎日、顔を合わせている二人が、二人以外に人間はいないのに、プレゼントの交換をする。

退屈しのぎ、とこの物語の語り手はいうけれど、果たしてそれだけのことだろうか。

私は、小学校のときに教えられた「人」という字の解釈を思い出した。担当の佐藤吉造《さとうよしぞう》訓導は、黒板にはじめ「ノ」という形を大きく書き、それから「乀」という形を書いて、「ハイ、なんと読む?」と、私を促した。

「人(ひと)」

「そうだ。人という字は、いま、黒板に書いたように、ノと乀が、お互いに支え合ってできているんだ。わかったな」

長《ちょう》ずるにつれ、佐藤先生の訓話は思い出すが、「優しい」は「人を憂《うれ》ふる」と書いてあるとか、「働く」は「端《はた》の人を楽にさせる」からハタラクだとか、なんとなく牽強附会《けんきょうふかい》(こじつけ)っぽい感じがして、好きになれなかった。

それが『宣伝会議』という月刊誌が「ベストコピー・オブ・ザ・イヤー」という催《もよお》しを行ったとき、優秀賞のひとつにえらばれた久米章一《くめしょういち》氏(旭通信社)の作品には感心して、佐藤先生の訓話をまざまざと思い出した。作品は東芝の「在宅ケア支援システム」のためのコピィで、大きなスペースの右肩に「80歳が86歳を介護している」という文字が二行で並び、真ん中に、大きめのステッキを少し小さめのステッキが支えている図柄が載《の》っている。全体を見ると、二本のステッキはちゃんと「人」という字を作っている。こうなると、「支え合い」説もまんざら捨てたものではなさそうである。

サとチディギャークのプレゼントの交換は、だから「退屈しのぎ」よりも、もっと積極的に「頼り合う友」を求めたシンボルだと思いたい。

私たちは、全くの無神論者は別として、人生の旅路の終わりで、「心の通い合う相手」「頼り甲斐のある友」「話のわかる人」を、それぞれの器《うつわ》に応じて、手に入れているのではないか。その視点からすれば、老人介護施設で、高齢者の間に恋が芽生えたり、性愛行為に近いものが見られたりするのを、「老いてますます旺《さかん》」とひやかしたり、「いつまでたっても自己抑制が効かない」と非難がましく論《あげつら》うのは間違いであると、私は思う。

男女間の仕草《しぐさ》は、とりもなおさず「心が友を求めた」証《あかし》であり、旅路の果てにようやく辿りついた「心の灯《ともしび》」なのである。周囲の人は、アクシデントが起こらぬように、温かい眼差《まなざ》しでケアしてあげるのが本当だろう。

旅路の果てに「わかり合える相手」を得ることの幸せを、他人事《ひとごと》ならず感じたのは、井《い》伏鱒二《ぶせますじ》氏と河上徹太郎《かわかみてつたろう》氏の対談だった。

井伏　しかし、みんないなくなっちゃったな。

河上　井伏とおれだけ残ったな。
井伏　ほんとだ。浅見《あさみ》（淵《ふかし》）君が去年かなんか言い出して、阿佐ヶ谷《あさや》会員がもう十一人亡くなったから最後の会にしようと言って、遺族を呼んでやったの。その演説した浅見君が死んだ。
河上　もうだめだね、おれ達は。
井伏　計算したら阿佐ヶ谷会員は十五人死んでいた。
河上　もう死のう、井伏。
井伏　うん、死ぬか（笑）、しかしもうちょっと待て。

この会話に解説は失礼だろう。「もう死のう、井伏」「うん、死ぬか」、こういう言葉を投げ合えるまでの歳月、その歳月の密度、その密度を高めることになった作家としての修《しゅ》羅《ら》、それらをひと息に総括し理解し合って、二人の時間があり、だから二行の会話で充分なのである。

湯豆腐やいのちのはての薄明《うすあか》り

久保田万太郎《くぼたまんたろう》氏〔作家、俳人〕の句である。何の変哲もない、湯豆腐から立ちのぼる湯気の向こう側に、はかなくも移《うつ》ろう人の生の営《いとな》みを見据えている。

しかし、見据えるのは一刻《ひととき》で、それを胸の底に蔵《しま》いこんで、常識という安全運転自動装置つきの函《はこ》に身を委《ゆだ》ねているのが人生というものだろう。

その実体を的確に書いたのが大岡昇平《おおおかしょうへい》氏の『野火』だった。人間の業《ごう》が解《と》きがたく絡《から》み合う戦野の中で、大岡氏は周囲の荒涼度が深まれば深まるほど、水平測定器の水玉を中央にすえる作業のように、硬質な言葉をつらねて〝人間〟のありようを書いた。

「人間は偶然を容認することはできないらしい。偶然の系列、つまり永遠に耐えるほど我々の精神は強くない。出生《しゅっしょう》の偶然と死の偶然の間にはさまれた我々の生活の間に、我々は意志と自称するものによって、生起《せいき》した少数の事件を数え、その結果我々の裡《うち》に生じた一貫したものを、性格とかわが生涯とか呼んで自ら慰《なぐさ》めている。ほかに考えようがないからだ」

バトラーという人も書いているが、全く「人生は不十分な前提から十分な結論をひき出す技術」なのかもしれない。そうとわかっていても、生《せい》という偶然と死という偶然の間に挟《はさ》まれた現実的な生を営々《えいえい》と我々は生きている。何が、その営々たる働きを起動させているのだろう。いってみれば、モーターであるが、これはどうやら人それぞれであるらしい。が、モーターの中には人を変えるというか、その人自身が気がつかなかった人をひき出してしまうことがある。

直井潔《なおいきよし》氏という作家はよほどの文学好きでなければ、その名を知らないだろう。私にとって、人間を理解するという思いそのものが人間に対する傲慢《ごうまん》であることを教えてくれた人である。

昭和十二年に徐州《じよしゆう》作戦に従軍中悪性の赤痢《せきり》にかかり、多発性関節炎を併発、全身が硬直したまま内地送還になる。療養を続けるうち、生涯身障者で終わることを自覚、何度も自殺を考える。陸軍病院の軍医大佐に母親が直談判《じかだんぱん》し、遠からず覚束《おぼつか》なくなることを知らされて、退院して民間の病院に入る。そこで直井氏は眠れないからと院長に訴《うった》え、睡眠薬をもらっては藁《わら》蒲団の下に溜《た》め込む。頃合いを見て、一気に呷《あお》って死ぬ気である。そこを母親に見つかって、自殺は未遂に終わるが、その後、志賀直哉《しがなおや》氏の『暗夜行路』を読むうち、主人公の時任謙作が自殺を思いながら身をひるがえす心の経緯《いきさつ》に感動、自分を謙作のイメージに重ね合わせる。そのため、『暗夜行路』の全篇を、書き出しの第一行から結びの一行に至るまで、一字一句、全部暗記してしまうのである。

　昭和十七年、処女作『清流』を書き上げて志賀氏の許《もと》に送ると、この作品が志賀氏の推《すい》挽《ばん》で『改造』に掲載される。このとき『中央公論』に島崎藤村《しまざきとうそん》氏の『東方の門』、『文藝春秋』に横光利一《よこみつりいち》氏の『旅愁』が発表されたのだから「私にとって、文字通り驚天動地の展開、それこそ毎日が夢見ごこちの状態だった」と、直井氏は書いている。以後、芥川《あくたがわ》賞候補になること三回、昭和五十二年には私家版『一縷《いちる》の川』が平林《ひらばやし》たい子賞を受賞する。読者のために、作家直井潔誕生の経過を紹介したが私の関心は、『暗夜行路』の全篇の全部を一字一句暗誦してしまった気概、そのエネルギーの高さである。どうしてそれが可能であったのか。私にはよくわからないのだが、おそらく、直井氏は小説の文字を暗記したのではなく、時任謙作を「自己化」したのではないかと思う。

　さて、直井氏はその後も小説を書き続けるのだが、『命二題』という小品の中で、クコの木が道路の舗装工事にもめげず、何度も刈られては何度も芽を出すという話のクダリで次のような心情を書きつけている。

「前の工事でもどうしても考えられなかったその存在が今度の工事の後でも万一《まんいち》実現するようならそれは一体どういう事か、生命力の神秘、それだけでは済《す》まされない、それ以上の何か、神慮《しんりょ》とでもいったものが働いているのではないか、ふとそんな思いがした。それなら一体どういう神慮か、然し神慮など僕に分《わか》る筈がない、が、何か僕は自分の人生でそういうものを一度確かめてみたい気がするのだ。この世に自分が生を受けた事、兵隊にとられる迄は一応《いちおう》人並みの体だったが、戦地で病気になり揚句《あげく》に一生の重度身障者で生きて来て、いわば殆《ほと》んど何の役にもたたない体で、徒《いたず》らに老いさらばえて生きている。然し生きる限りは少しでも真っ当な人生を送りたい、そして生きてよかったという思いをあかしとして何か残したい、それには自分のような存在でも万一にも神慮の一つの事実として思えるなら、どんなに嬉しいか、現実に凡《およ》そ無価値としか思えぬ存在だけに一層そんな思いにかられるのだ」

神慮。別の言葉でもいい。神のはからい。仏《ほとけ》の慈悲。とにかく、偶然には違いないが、偶然という言葉ではどうしても括《くく》り切れない、「なにかの力」を感じることが、人生には誰でも一度や二度はあるのだろう。それを「天啓」とか「啓示」という言葉にすれば教祖になりうるし、「生命を与えられた」と思えば、神慮はその人にとって永遠のモーターになるに違いない。いつ、「神慮」が起こるのか、どんな形であらわれるのか、凡俗そのものの私にはわからない。しかし、そんな私にもわかることは、神慮で救われたり成功したりしたからといって、毎度、神慮をお願いするのはルール違反ではないか。むかしの人はうまいことをいっている。

神はアンコールに応え給《たま》わず。

青い菊の花を摘《つ》む女

荘子という人はおもしろい人で、皮肉を言いながら、じつは人生の真実を言い当て、読者に教えているところがある。

『荘子』を読みこなしている人が、胸の底にひそかに置いているのが「不用の材」の教訓である。『荘子』の内篇のうち人間世篇《じんかんせい》の章に、三つほど同じ内容の話が並んでいる。

南伯子綦《なんぱくしき》という人が、江南《こうなん》省の商邱《しょうきゅう》というところで大木を見た。大きいのなんの、四頭立ての馬車千台がその木陰《こかげ》に入ってしまうという代物《しろもの》である。「これは一体なんという木だろう。ずいぶん使い出があるだろうな」と、枝ぶりを見上げると、どの枝も曲《ま》がりくねっていて、棟木《むなぎ》や梁《うつばり》にはとても使えそうもない。そこで足元の根を見ると、ほとんど空洞《うつろ》が多くて棺桶《かんおけ》の用材にもならない。ためしに葉をとって舐《な》めてみると、口の中が爛《ただ》れてしまうし、鼻へもっていって匂いを嗅《か》ぐと、臭いのなんの、三日ほどは鼻についてぬけないという按配《あんばい》だ。そこで子綦は悟って曰く。

「これこそ不材の木である。用に立たないからこそ人に伐《き》られもせず、車千台が四千頭の馬とともにその木陰に暑さを避けて休めるほどの大木になったのだ。昔の絶対者も、この不材の材、無用の用を処理の原理として自己の生《せい》を全《まっと》うしたのである」

「不材の材」「無用の用」というのは、読み終わったところではなんとなくわかったような気がするのだが、電話一本、コーヒー一杯が間に入ると、理解はまた霧《きり》の中という状態になるのが常《つね》のようだ。

そこで、荘子の専門家の福永光司氏の解説をまとめてお伝えしておく。

荘子には「散《さん》」の哲学がある。あらゆる世俗の束縛を高く超える超越者は、一切の世俗的価値観を否定して「散人」「散木」となるのである（そう言えば永井壮吉《そうきち》という作家の号は荷風散人でしたね）。「散人」「散木」とは世俗の無用を自己の有用とする存在で、荘子がこれを謳歌《おうか》するのは、世俗の有用に知識人の形式主義と偽善を見るからである。しかも、「散人」たちは世間から脱落しているのではなく「一切肯定と無私の随順《ずいじゅん》」という態度をとる。身は愚《ぐ》の列に伍《ご》しながらその状態を超える価値観を身につけて離さない。

私も若い頃『荘子』を読んだときは、そのユニークな視点の虜《とりこ》にはなったが、「不用の材」「散人」などは、ちょっと理解できなかった。多忙な仕事（といっても仕事の要領が悪かっただけの話だが）の合間に読んだので、頭で理解することが先に立ったからだろう。

年をとる過程で、「『荘子』は、キミ、おもろいぞ」と、日本を代表する知性人の梅棹忠夫《うめさおただお》氏〔文化人類学者〕、「『荘子』も、禅のひとつですな」と大徳寺龍光院《だいとくじりようこういん》の小堀南嶺《こぼりなんれい》氏〔同寺の住職〕、「『荘子』は、文章の書き出しに使えるよ、その心算《つもり》で読んでごらん」と先輩の扇谷正造《おうぎやしようぞう》氏〔評論家、ジャーナリスト〕から教えられて、そのたびに荘子の懐《ふところ》に馴染《なじ》んでいったような気がする。

この読書経験と併行して仕事の折や宴席でお目にかかる諸先輩の話を聞き、あるいは現役を引退して後輩の指導にあたっている方と置酒歓談《ちしゆかんだん》の豊かな時間の合間に、ご本人が意識するとしないとにかかわらず、「無用の用」を説く、そう、言葉でいえば「いや、年齢《とし》をとって仕事や世間から離れると、よく言われるように疎《うと》くなるのではなくて、かえって仕事や世間がクリアに（透明に、ハッキリと）見えるんだよ」と言う人が多いのである。

言うなれば、オートマチカル・ソウシ（荘子）だと、私は名付けている。

学校を出て出版社に入り、そのまま役員まで勤めあげて、定年で退社した友人がいる。「少し身辺の整理をしてから〝第二の人生〟を考えてみます」という挨拶状をもらってから二年近くたって新幹線の中で偶然顔を合わせた。二人とも広島にゆく旅で、幸い乗客のほとんどが新大阪で降りてしまったので、並んで懐旧談になった。が、私としては「会社をやめてから何していた?」が、いちばん聞きたい。が、いちばん言い出しにくい。ひょっとすると、相手の寂《さび》しさに触れるかもしれないからである。「会社をやめると、本がたくさん読めるだろう」と質問の形を変えた。会社勤めをしている人が、よほどの〝本好き〟でもないかぎり、読書の時間がとれないことを知っているからである。もっとも、読書の方法と時間の取り方は第四章に書いておいた。

「うん。読んだ」と彼は答え、「いや、じつは会社をやめたら、まず、読もうと思って読めなかった本を読んでやろう、それから〝第二の人生〟を考えよう、と思ったんだ」と、話しはじめた。

読んだのは中里介山《なかざとかいざん》『大菩薩峠』全巻、それに『ゲーテ全集』だった。両方とも半分ほど読み進んだとき、「人間は、同じことを繰《く》り返しやっている」、もうひとつ、アラビア人が言ったという「人はその先祖に似るよりも、その時代に似る」、これは本当だと思った。読み終わったいま、なんだか身体の中に一本の太いロープが張られて、それにつかまっているかぎり、社会がどんなに揺れようと、自分は揺れない、そんな思いがしてきた。社会の中で成功するヤツは成功するための代償をどこかで払っており、それほど成功しないヤツは成功しなかったかわりに私的な世界で精神的資産をたくさんつかんでいる、だから人ひとりひとりの人生なんて、

成功－《マイナス》代償

平凡＋《プラス》安寧《あんねい》

でできており、その総和はどちらが大きいとは判定できない。それがわかってしまうと、第二の人生の仕事は、「身体は疲れても心の疲れない仕事」にしようと思った。幸い、すすめる人があって、花卉《かき》栽培の研修学校に一年間かよい、いまは家族四人で温室栽培の花屋をやっている。

友人の話はこれで終わりである。出版社に勤めている頃は、たいへんな物知りのようで、たとえば生雲丹《うに》を材料に使ったスパゲッティを食べている最中に、雲丹の中の鉄分と人間の血液の中の鉄分との関係を縷々《るる》説明し、だから人間は海から上がってきたのだと、鼻の穴をふくらませていたのである。そのぶんだけ、その時の食事のために心くばりされたワインの銘柄など、説明されても「ああ、そう」と素っ気《そけ》なかった。概《がい》してエリートと

はそうしたもので、自分の知見の範囲外の話、つまり彼が知らない事柄の話になると、知らんぷりをするか、小煩《こうるさ》くまぜっかえしを入れるか、どちらかである。

そんな彼が、二年間で変わった。あれも人生、これも人生、と他人の人生を距離をおいて眺めるようになり、永井荷風が自分の号を「散人」と名づけた意味を理解するようになっている。私は、彼と広島駅で別れたあと、駅の階段を降りながら、白隠《はくいん》恵鶴《えかく》禅師のいわれた「習気《しゅうき》、薫習《くんじゅう》を持する間は、悟りとは無縁と知るべし」とは、このことだったのかと、その言葉を反芻《はんすう》した。

「習気、薫習を持する」というのは、先哲《せんてつ》の教えや言葉にいつまでも寄りかかっている、ということだろう。その言葉をどう解釈するか、そこから話に入ってくれるのはありがたいが、たとえば孔子の言葉そのものを押しつけられるのは退屈である。「ハイ、さようでございましたか」と言い、「むかしの人は偉いことを言ったね」と教えられれば「ハイ、ごもっとも」としか返事のしようがない。

職場などでこの「習気、薫習」を上司にやられるのは、教師や町の年寄りにやられる以上に辛《つら》かろう。部長だ課長だと、「長」のつく人に箴言《しんげん》を振りまわされたのでは、たまったものではない。

しかし、世の中には箴言や格言が好きな人がいるもので、私はその手の人間にめぐりあうと、パラフェルナリアという英語を頭の中に書いては消し、消しては書くことにしている。

パラフェルナリア(Paraphernallia)。自己抑制装置と訳す。南カリフォルニア大学のレオ・バスカリア教授が『自分らしさを愛せますか』という本を書いて、おもしろそうだからと翻訳をたのまれ、十年ほどまえに上梓したが、その本のキイ・ワードとして出てくるのがこの言葉である。自分で自分の価値、もっと平《ひら》たくいえば、できること・できないことを勝手に決めてしまう。そんな人生ってつまらないじゃないか、という話である。

世界じゅうの人に愛され読まれているカレル・チャペックの作品集『ひとつのポケットから出た話』の中に『青い菊の花』と題する小品がある。

公爵が支配しているルベネツという町の通りを、クラーラという少し頭の弱い女性が腕一杯の花を抱えて歩いている。公爵の庭番をしているフリヌス爺《じい》さんは菊の青の美しさに驚き、クラーラに金をわたして菊の咲いている場所を聞くが、彼女は笑いながら立ち去ってゆく。公爵もその花を欲しがりやっとつかまえたクラーラとフリヌス爺さんを馬車に乗せて町に出るが、クラーラはいい加減なことばかり言ってさっぱり要領をえない。そこで彼女を解《と》き放つと、やがてまた彼女は腕一杯の青い菊を抱えてあらわれる。公爵たちはその菊の根についている土や鳩《はと》の糞《ふん》などを分析して、花の咲いている場所は町の中心から三キロ以内と特定し、憲兵隊を動員して兵士一人一人に青い菊を一本持たせて捜索するが、ついに発見できない。癇癪《かんしゃく》を起こした公爵はフリヌス爺さんをつかまえて「おまえもクラーラと変わらないバカ者じゃ」と罵倒する。爺さんの方も負けていない、「あんたみたいな脳タリンの老いぼれは見たことはない」とやり返して、家を飛び出し、その足で駅に向かい、列車に乗ってしまう。とめどもなく涙が流れてくるが、列車がいくらも走らないうちに、涙に濡《ぬ》れた目に青い菊が走り去る。あわてて非常ブレーキの紐《ひも》を引っ張り、五百メートルほど戻ってもらうと、目の前は一面の青い菊だ。そこは踏切番の小屋の庭だった。近寄って問いかけるフリヌス爺さんに踏切番が答える。

「この花かね。こりゃあんた、私の前の踏切番だったチェルマークの形見だよ。おっと、爺さん、ここの線路を歩いちゃいけねえよ。ほら〝線路内立入禁止〟と書いてあるじゃねえか」

クラーラは「立入禁止」が読めなかった。それで青い菊の花を摘めた。彼女以外の常識人は自分たちが設けた〝常識〟のために美しい花を手にしえなかった。年をとると、誰でもときどき「クラーラをしてみたい」気になるんじゃないか。やってみると、案外、新鮮な発見があるかもしれない。

第三章

自問自答の中で

無謬《むびゅう》の人、老醜の人

「ライフ・ステージ論」というのがある。遺伝子工学の中村桂子《なかむらけいこ》さんの提言で、人生は幼児期、少年期、青年期、壮年期、老年期と、年齢に応じて区分することができるが、それぞれの年齢にはそれ相応の「ライフ・ステージ」というものがある。たとえば幼年期には自分の好みが確定し、幼な馴染《おさなじ》みができ、自然への観察と興味が湧《わ》く、いわゆる「三つ子の魂」が形成されるわけだ。

ところが、高度成長期に入ってから、この年齢に応じた「ライフ・ステージ」の風景は見られなくなった。代わって日本の社会にあらわれたのが「準備段階」である。すなわち、幼年期の子どもは中学進学のための「準備」に明け暮れして、泥んこになって遊ぶお友達もできないし、昆虫やメダカも知らないまま、中学生になる。中学生になることは高校進学の準備段階に入ること、高校生になることは大学進学の準備段階、大学生とは就職のための準備段階、会社に入れば入ったで、こんどは課長になるための準備段階……結局、この三十年ばかりの間、日本人の人生は「準備段階の総和」になっているのではないか。そして、定年を迎えて、準備する目標がなくなったときに、実はいちばん厄介な「老い」が待ち設けている。ギリシアの哲学者セネカは『人生の短さについて』の中で、「老齢」を次のように書いている。

「老齢は、まだ子供っぽさの残っている心にも不意に襲《おそ》いかかってくる。それと気づいたときには、老齢に対する準備も心構えもできていない。老齢が日一日と近づいていることをわきまえていない者は、老齢の突然の来訪にあわてふためいてつまずき転げる。いろいろなテーマについて人が語るのをいくら聞いても、いくら本を読んでも、またいくら沈思黙考しても、旅人は旅を理解することができない。終点に近づいているな、と気づいたときには旅はもう終わっている。同じように、人生の旅は目覚《めざ》めているときも寝ているときも、同じペースで休むことなくどんどん過ぎ去っていく。人生の渦中《かちゅう》に巻き込まれている人間は終わりの時を迎えるまでこのことに気がつかない」

このセネカという人は、マルキュウス・セネカという修辞学者でもあり雄弁家でもあった人の息子である。父母にかわいがられて育ち、ストア派哲学の第一人者となった。のちにローマ皇帝となったネロの家庭教師に迎えられたが、六十一歳のときネロの命《めい》を受けて自殺している。ストア派の考え方では、自殺は世の不条理から身を守る立派な行為である。自分の生存の原理を「死」をもって立証するという考えである。

こんなふうだからセネカの説くところ、いつでも、どんなテーマでも、真っ青な空の下、真っ青なエーゲ海に臨《のぞ》んで話を聞いているように、明々快々なのである。「老い」は考えないうちにやってくると、セネカは人生の暮れ方を容赦《ようしゃ》なく述べたあげく、さらに「老い」を考える原点をわれわれの目の前に置いてみせる。

「老人の中には、自分の年齢以外には長生きしたことを証明できる証拠を何ひとつ持っていない者をしばしば見かける」

身《み》も蓋《ふた》もないことをいうものだ、と思ったが、考え直してみると、このようにいわれる可能性がないでもない。

ことに日本の社会は「年齢《とし》をとっている」という理由だけで、しかるべき待遇に浴《よく》することが多い。そういう国柄だということに気がついて、自分で「引退」の基準をつくったり、「亀の功より年の功」の証拠を見せたり、あるいは「年齢」なりの暮らし方を決めたりするのが日本人でもある。しかし、賛成しようとしまいと「年齢以外には長生きしたことを証明できる証拠を持っていない人」になる可能性を、老人はみんな持っていることもたしかであろう。

人生を透徹《とうてつ》した目で見る点で、老子《ろうし》はセネカに似ているところがある。彼の「人生論」で、私が肯綮《こうけい》に値するとしたところは次の箇所である。

「自制力を強め、ぜいたくを抑え、野望を緩和し、怒りを和らげ、偏見のない目で貧乏を眺め、節倹の心を養《やしな》い、未来を夢みて手がつけられないほどふくらんだ願望を心や鎖《くさり》につなぎとめ、そして、自分の富《とみ》を運命に求めるのではなく自分自身に求めるなど、さまざまなことを学ぶことにしよう」

じつはセネカも別のところで、この老子とほぼ同じようなことをいっているのだが、彼の場合は「高貴な精神」こそ最終的に人が頼れる至宝であると、哲学者らしい捉え方をしている。「高貴な精神」とは言葉づらからいってもいい言葉だが、オイソレとは身につかないのはあたりまえである。

たとえば、どんな心の状態を「高貴なる精神」というのか。私が納得できたのは牧野伸《まきのの》顕《あき》氏の心の姿勢である。ご存知の方も多いと思うが、牧野伸顕氏は戦前の〝股肱《ここう》の臣《しん》〟の一人であり、吉田茂《よしだしげる》元首相の岳父《がくふ》である。孫にあたる吉田健一《けんいち》氏が、終戦直後の祖父を語っている。

終戦になって日本全国どこでも物資が不足した。牧野氏が起居する蓬莱山荘《ほうらいさんそう》でも食べるのに事《こと》欠く始末である。部屋を暖《あたた》める炭火もない。牧野氏はすでに体調を崩していたが、「牧野さんはそれが当然であるという顔で無頓着《むとんちゃく》に衰《おとろ》えていった」という。

「無頓着に衰える」という捉え方は、さすがに作家の感性を思わせるが、また牧野氏の方にも環境の変化を「それが当然」と受け取る心がまえがあったからだろう。

私は、この「無頓着に衰える」という言葉からつくづく牧野伸顕という人は偉い人だったのだと思った。どうして、貧窮《ひんきゅう》の中を無頓着に衰えることができるのかといえば、戦前に人格形成を遂《と》げた人の多くは、冒頭に紹介した中村桂子理博〔理学博士〕の「ライフ・ステージ論」が語るように、世代ごとの舞台《ステージ》で精一杯に生きてきたからだと思う。

これから老齢期にさしかかる人は「準備期間」を潜《くぐ》りぬけてきたケースが多いから、「高齢者としての心がまえ」がなかなかできにくいのではないだろうか。だから、えてして、「いたずらに馬齢を重ねて」という言葉が自分のことをいっているように思ってしまう。セネカはそれを「内的自滅症」と呼んだのだった。

老人は老人なりの「ライフ・ステージ」を生きればいいじゃないか、楽しめばいいじゃないか、その過程で人間の卑《いや》らしさを自覚したら、「人間ってやつは、生きている間は仏にも神にもなれないもんだな」と自覚すればいいじゃないか。

あの人は、美しく老いましたね、まるでアンドレ・ジイド〔『狭き門』などを著した作家〕の言葉のとおりです、――そんなふうに褒《ほ》めそやされる人がいる。けっして、やっかみ半分にいうのではないが、美しく老いる人はごく少数である。

亡くなった沢村貞子《さわむらさだこ》さんは、アンドレ・ジイドの「人間は美しく死ぬよりも美しく老いる方がむずかしい」という言葉が嫌いだった。一度、テレビで対談したとき、「嘘《うそ》よ、そんなの。年とったらどんなにしても綺麗《きれい》にはならないわ」と言った。生番《なま》組だったから、この言葉にはちょっと困惑した。年長者の心証を悪くしないかな、と救いの言葉を頭の中で探した。が、さすがに沢村さんは旧制府立第一高等女学校の卒業生である。半端《はんぱ》なアタマの持ち主ではない。ちゃんと救ってくれた。

「いいこと。年とってから大切なことは、美しく老いることではなくて、いかに老醜を見せないか、その方が大事なのよ」

この反対もある。年とってからもバカなこととして、周囲の顰蹙《ひんしゅく》を買うことがある。上方《かみがた》弁でいうと「いい歳《とし》、腰に巻いて、いつまで経《た》ってもアホウやね」と笑いものになる。

しかし、人間ってそれだけではないいんじゃないか。「いい歳、腰に巻いてアホウをやる」

反面で「やっぱり、亀の甲より年の功」をやってみせることもある。

つまり、「無謬の老人」もないかわりに「老醜の人」もありえないのである。それが人間だとわかれば、「老齢」という舞台《ステージ》を真っ正直に生きるほかはない。

そこのところを、それこそ臆面もなく書きおさえてみせたのが、上林《かんばやし》 暁《あかつき》 氏の『聖ヨハネ病院にて』である。

主人公の「僕」は病妻の徳子について院長から「恢復《かいふく》は覚束《おぼつか》ないから貴方《あなた》も看取《みと》りするつもりでいて下さい」と言われたとき、頭の中は「妻に別れる悲しみを通り越して、妻が亡くなった後の煩瑣《はんさ》な雑事を考えて、それに悩まされている有様《ありさま》」である。ここが最近の「看護もの」の主人公たちと違う。運命に対して腰がすわっていないのである。ところが、「僕」は病院の構内にある教会のミサに参加して、朝日の光が小さな硝子《ガラス》戸に当たって堂内が一瞬明るくなると、昂然《こうぜん》とした気持ちになって「自分は、いかなるキリスト教徒よりも、もっとキリスト教的でありたい」と呟《つぶや》き、気持ちを立て直す。

「道は遠きに求むるに及ばず、また信仰は神に憑《よ》る必要はない。自分の身近には、妻という廃人同様の人間が居るではないか。眼も見えなければ、頭も狂っていて、その苦痛すら自覚しない人間が居るではないか。この人間を神と見立ててはいけないだろうか」

「僕はそんな啓示を享《う》けつづけたのだった」が、「会堂を一歩出れば、すべての殊勝心は霧散《むさん》し、病室に入って妻と向ひあうなり、腹を立て、罵言《ばげん》を浴《あ》びせ、卑しい根性を露出するのである」

そんな「僕」は創作集の「あとがき」に、わが文学精神について書く。

「思えば、妻が何も知らぬを奇貨として、臆面もなく、秘すべき妻の宿業《しゆくごう》を種に切り売《うり》して、我が作家生活を樹《た》てて来た。長《ちよう》じて子供達が、父の作品を読む時の心事《しんじ》も思はぬではない。その罪、萬死《ばんし》に値しよう。しかし、この妻あるがために、わが文学精神が支えられ、言い得べくんば、高く保たれたこと、如何許《いかばか》りであったろう」

「わが文学精神が高く保たれた」という言葉の裏に妻の徳子さんに対する万斛《ばんこく》の涙があることはいうまでもない。それが人生というものでもあろう。

言っておくべきこと

人間を二種類にわけて言う言い方がある。仙人と俗人《ぞくじん》。どこでわけるか。山に住んでいる人がニンベンにヤマ、つまり仙人。谷に住んでいる人がニンベンにタニ、つまり俗人というわけである。

私自身が思いもかけず長生きしてマスコミと付き合っていると、「言いたい放題を言う人」と「言うべきことを言う人」の二種類があることがわかってきた。ことにテレビがマスコミの主流となって、各層各職の人がコメンテイターとして登場するにおよんで、いまや「言いたい放題」の方が主流で、そうなると視聴者の方も「あの人は思い切ったことを言うからおもしろい」と支持するようになる。ひどかったのは千利休《せんのりきゅう》が同時に二つのプロダクションによって映画化されたときで、ゲストに勅使河原《てしがはら》宏《ひろし》監督を招いたが、キャスターが「この抹茶碗が」と言ったのに対して、ゲストがさり気なく「抹茶茶碗の問題ですが」と言い直すと、なんとキャスターはそこでムキになって「抹茶碗とも言いますよね。

たしか抹茶碗とも言うはずです」と言い募《つの》ったものである。そのときは、この男の負けずぎらいの性格が言わせたものだろうくらいに思っていたが、いよいよキャスターが有名人になってくると、ゲストの説明に対して「そこんところがわからない。もうすこしわかりやすくお願いします」と言うようになった。なんのことはない、ふだん新聞や雑誌の記事を関連づけながら読んでいれば高校生でもわかる経済問題である。それを腕をふり上げ、ゲストを睨《にら》みすえて「説明しろ」と叫ぶのである。

こういう世相に触《ふ》れていると、いよいよもって、「言うべきことを言う人」を大切にしたいと思い、いや、大切にするばかりか、そういう人たちの力を結集できないものかとしばらくは読みかけの本を閉じて、「日本直言連盟」の結成を宙に描くような始末である。

「言うべきことを言う」人は、明治以来、数多く挙げることができるが、福沢諭吉にはしばしば感嘆するものがある。たとえば「官僚論」〔『学問のすゝめ』〕である。

「青年の書生わずかに数巻の書を読めば乃《すなわ》ち官途《かんと》に志《こころざ》し、有志の町人わずかに数百の元金《もときん》あれば乃ち官《かん》の名を仮《か》りて商売を行わんとし、学校も官許《かんきょ》なり、説教も官許なり、牧牛《ぼくぎゅう》も官許、養蚕《ようさん》も官許、およそ民間の事業、十に七、八は官の関《かん》せざるものなし。これをもって世の人心益々《ますます》その風《ふう》に靡《なび》き、官を慕《した》い官を頼み、官を恐れ官に諂《へつら》い、毫《ごう》も独立の丹《たん》心《しん》を発露《はつろ》する者なくして、その醜体《しゅうたい》見るに忍《しの》びざることとなり。（中略）これを概《がい》すれば、日本にはただ政府ありて未だ国民あらずと言うも可《か》なり」（明治七年）

繰り返し読んでいるうちに、福翁《おう》がほんとうに言いたかったのは、官僚の規制がふえるのは困るということではなくて、国民の間に「独立の丹心を発露する者」がなくなったことを心配しているのである。

さて、この福翁が老齢に達して何を望むかを「自伝」（『福翁自伝』）の結論で吐露《とろ》している。

「私の生涯の中《うち》に出来《でか》してみたいと思うところは、全国男女の気品を次第々々に高尚に導いて真実文明の名に愧《はず》かしくないようにすることと、仏法にても耶蘇《やそきょう》教にても孰《いず》れにても宜《よろ》しい、これを引き立てて多数の民心を和《やわ》らげるようにすることと、大いに金を投じて有形無形、高尚なる学理を研究させるようにすることと、およそこの三カ条です。人は老しても無病なる限りはただ安閑《あんかん》としては居られず、私も今の通りに健全なる間は身に叶《かな》うだけの力を尽《つく》す積《つも》りです」

1・男女の気品の高尚化
2・宗教による民心の融和
3・学理研究への投資

福翁が晩年の仕事と考えた三項目はすべて現代にも通じるものではないか。それを思うと、年をとったからといって、うかうかと時を過ごしてはならぬようにも思える。

もっとも、日常生活の中で、どんな小さなことに対しても、「言うべきこと」を言っている人がいる。たとえばヤナセ自動車の梁瀬《やなせ》次郎《じろう》氏である。

ロンドンのホテルで梁瀬氏の乗りこんだエレベーターに日本人の新婚カップルが飛び込んできた。梁瀬氏が「開」のボタンを押していたので間に合ったのだが、それには気がつかなかったのか、「よかったね」と笑い興《きょう》じている。

「キミたちね」と梁瀬氏は若い二人に声をかけた。「エレベーターに最後に飛び乗ったときは、誰かが乗れるようにしてくれていることが多いんだから、乗ってすぐサンキューと言うんだよ」

若い二人は、その場で「ありがとうございます」と礼を言ったが、しばらくたって二人の名前で梁瀬氏のもとに礼状が届いた。

「あれ以来、ヨーロッパの国々をまわりましたが、サンキューを言う機会を重ねるたびに、だんだんタイミングのよいサンキューになり、相手の方からユアウェルカム（どういたしまして）を笑顔と一緒に頂くようになりました。思えば、あのロンドンのホテルのエレベーターの中での教えが、新婚の私たちにとって最高最大のプレゼントになりました」

やはり、声はかけてみるものらしい。もちろん、なかには「うるせえな」と険《けわ》しい顔をする若者もいるだろうが、それも強がりのポーズが多いようである。

いや、声をかけられて喜ぶのは若者ばかりではなく、老人の方も嬉《うれ》しいのである。

東京都下のある中学校は「暴力教室」で有名になったが、若い教師は、生徒たちの乱暴な行動は彼らが世間から無視されているという思い込みが原因ではないかと思い、課外授業に町の老人ホームを訪問させることにした。最初の訪問でクラスの半分の子が変わった。普通の子になった。二回目の訪問が終わると、大方《おおかた》の子が子どもらしくなった。感想文を書かせてみたところ、ほとんどの子が「はじめて自分の話を最後まで聞いてくれた」と書き、「最後におばあちゃんから〝ありがとう、また来てね〟と言われた。人から〝ありがとう〟と言われたのは初めてで、それが嬉しくてたまらなかった」と述べた子も多かった。

ところが、喜んだのは老人の方も同じだった。

おじいさんもおばあさんも、「孫のような子が、私の話をじいっと聞いてくれる。目を動かさないで聞いてくれる。それが嬉しくてね、長生きはしてみるもんだ、と思ったよ」

というのが、ほとんど同じ意見だった。

「声をかける」、それも相手のためを思って「声をかける」ことの効果を経営の中に持ち込んだのが東大病院だという話である。

国公立病院の格付け（フランスの旅行案内をもじってミッシュランという）が行われたが、なんとミッシュランの〝五つ星〟（最高）に値する病院に東大病院がえらばれた。「まさか！」と驚く人も多いだろうが（私もその一人である）、ホントの話である。なぜ、「一時間待って三分治療」の総本家のようにいわれた東大病院が変わったか。じつは、あまりのサービスの悪さに東大卒の三菱系の重役がボランティアによるサービスを提案、若いボランティアにおしゃれなユニフォームを着せて病院内に配置した。高齢の患者が入ってきてウロウロしていると、ボランティアが飛んでいって、「どこが悪いんですか？」「きょうが初診ですか？」と声をかけ、話を聞きながらカードにどんどん書き込む。診療の病棟まで連れてゆく。これで患者が喜ばぬはずはない。その結果、「東大病院は最高」になったそうである。

相手の身になって声をかければ相手は動く。これは人間に共通の原則だろう。しかし、相手にかける声の中味は「言うべきこと」である必要がある。この点を考えると、人間のコミュニケーションには複雑な技術が必要だと思う。

この複雑な技術を円滑に使えるのは、どうも「年齢」らしい。むかしから「年寄りの知恵」ということがいわれてきた。人間の能力には①暦年能力②蓄積能力③感性能力④身体能力の四つがあるという。目を近づけてみると、この四つのうち、①②③はいずれも年齢に関係してくる。若い人からみれば、逆立《さかだ》ちしても追いつかない「生きてきたがゆえの能力」がある。だから若い人は口惜《くや》しがって、老人のことを「狸爺《たぬきじじい》」などと言うのだが、そう言われても仕方がないほど、人間関係を上手に運営する能力をそなえている。

小説にせよ芝居にせよ、日本人が一度は接したことがあるのが『忠臣蔵』である。忠臣蔵の中にいっぱい詰まっているから忠臣蔵というのだと、作家の舟橋聖一《ふなはしせいいち》氏が書いていたが、その「舟橋・忠臣蔵」が素晴らしくおもしろい。四十七士がいずれも人間臭く描かれているのである。しかも勉強になる。私は、赤穂浪士がこれほど文武両道に秀《ひい》で、文章・漢詩・俳句・作詞の造詣《ぞうけい》が深いとは思わなかった。やはり元禄《げんろく》時代が成熟社会で、社会のもつエネルギーが物質生産よりも精神文化に向かったことをうかがわせる。

さて、その忠臣蔵で、まさにリーダー論にふさわしいのが大石内蔵助である。数々のエピソードがあるが、私は堀部《ほりべ》安兵衛《やすべえ》に対する評価の話が抜群だと思う。

堀部安兵衛といえば、酒飲みで喧嘩《けんか》が強くて、高田馬場《たかたのばば》で十八人を斬《き》ったと、そんな印象が強い。子どもの頃読んだ立川文庫が原典で、しかも阪東妻三郎《ばんどうつまさぶろう》主演の映画がそのイメージを増幅し、さらに大人の大衆小説が枝葉《えだは》をつけるのだから、「喧嘩安兵衛」が定着するのも無理はない。

事実は逆で、彼も文武両道に秀でた教養人だった。浅野《あさの》家没落のあと、仇討《かたきう》ちに結集した浪士は三々五々江戸に下るが、大石は吉良《きら》と幕府の目をくらますため京都で遊び呆《ほう》けてみせる。業《ごう》を煮《に》やした浪士のうち、堀部を中心とする武闘派は大石の心中がわからず、単独決行で吉良上野介《こうずけのすけ》の首をとろうとする。そこへ大石が東下《あずまくだ》りをして堀部にあい、つぎのように言う。

「堀部氏《うじ》、わしがおぬしに期待するのは、おぬしの〝武〟ではない。その〝文〟である」

この一言で堀部は大石に心服し直す。それはそうだろう。たとえば腕っぷしの強い男、あるいは計算の早い女がいたとして、上司なり友人から「私があなたを素敵だと思うのは、その腕（あるいは計算）ではなくて、あなたの笑顔ですよ」と言われたらどうだろう。

私は、「舟橋・忠臣蔵」でいっぺんに〝大石ファン〟になってしまったが、これも舟橋氏の円熟味の賜物《たまもの》かもしれない。

明恵《みようえ》上人と大久保彦左衛門《おおくぼひこざえもん》

「年を取るてえと、旨《う》めえ物を食うより楽しみがないのに、歯が悪くなるから、だんだん旨めえ物がなくなっちまわぁ。こんなべら棒な話ってあるかい」

十五代目市村羽左衛門《いちむらうざえもん》（五代目菊五郎《きくごろう》（尾上《おのえ》菊五郎）の芸統を継ぐ大正・昭和期の古典歌舞伎を代表する人気俳優）がそう言って憤慨したと、詩人の萩原朔太郎《はぎわらさくたろう》氏が『老年と人生』というエッセイの中で紹介している。

羽左衛門の憤慨は、誰でも一度は、ふと呟《つぶや》いていることだろう。

早い話が、青壮年期に習い覚えたゴルフを、年をとって暇《ひま》ができたから飽《あ》きるほどやってやるぞと気は勇《いさ》み立つが、さて、肝心の身体がいうことをきかない。素直な人は、まず、身体にあわせたクラブに取り換えるだろう。

一方、負けん気の強い人は宴席につくや否や、昨日のドライブの飛翔距離を誇り、自分が衰えていないことをそれとなく周囲にデモンストレーションする。いや、本人にそのつもりがなくても、周囲の人に「あの人はまだ元気だ」と思われたいために、壮者《そうしや》を凌《しの》ぐスイングをしてみせる。これも一種のサーヴィスで、人間誰しも、自分とほぼ同じ年齢のもの、あるいは自分たちのグループの長に〝衰え〟が見えてくると、いい気持ちはしないものだから、そこのところを忖度《そんたく》して、年齢に不相応な無理をしてしまうことが多い。

自分の老いを静かに受け入れて、それなりの振舞いや生活をしてゆくのを、私は明恵上人型と呼び、「なになにまだ若いもんには負けんぞ」と張り切るのを、大久保彦左衛門型と呼ぶことにしている。

明恵上人の教えは「あるべきように」だった。英語でいうと「アズ・ネイチュア」である。明恵上人は、自然の中の自分を認識することに徹底した人だった。本堂を出て峰《みね》を伝《つた》って僧堂に入る。そこで座禅をして夜明けにまた峰伝いに本堂に帰る。その途中、「月がずっと私を見送って、ついてきてくれた」というのである。この大きさに私は打たれ、以来、明恵ファンになった。幸い、白洲正子《しらすまさこ》さんの明恵上人を研究する本が出て、この透《す》きとおるような無垢《むく》の存在を理解することができた。

大久保彦左衛門もおもしろい。元和偃武《げんなえんぶ》という言葉があるように、徳川時代に入って武士が武力を用いることがなくなった。当然、「事《こと》なかれ主義」と「利害関係の計算」が先に立つ。「武力」はその使い方で暴力という領域に入るが、「武力」を養うための精神修養、「武力」を発動するための戦略思考等々、人間の知的鍛磨《たんま》を必要とする。大久保彦左衛門が直参《じきさん》の旗本として、若い武士たちに「武の伝統」を伝えようとしたのは、人間的に正直だったと思う。講談などには「それがし、十六歳の初陣《ういじん》には、鳶《とび》ノ巣文字山《すもじやま》にて敵陣に魁《さきが》けて突入」と謳《うた》われているが、武功談をケース・スタディに使ったこともあるだろう。

「年なりに生きよう」が明恵上人、「年は自分できめるものだ」が大久保彦左衛門。しかし、考えてみると、私たちは老年を迎えて、自分自身の中に、明恵上人と大久保彦左衛門とが同居していることに気がつくのではないか。それが人間というものだろう。

ある朝、「朝日歌壇」に目をとおしていたら、選者は違うが、正反対の歌が入選しているのに気がついた。

「軍歌はもう止《や》めようや」という同期会主催の友の言にうなずく　(大阪狭山市《おおさかさやま》・土屋登氏)

脳味噌が遠き軍歌を唱《うた》いだす勝手な奴め前触れもなく　(厚木《あつぎ》市・桜田稔氏)

私は、どちらにも軍配を上げることができない。人間に刷り込まれた情報というものは大変な力を持っている、と感心もする。

音楽治療《セラピー》の記事を読んでいたら、全く感情を顔に出さなかった老人が、『宵待草《よいまちぐさ》』を聞かせたら正確に歌い出し、しまいには泣き出したとか、軍歌を歌わせ続けたら判断力が戻ってきたとか、その人の人生の一端が露呈されるような話がいくつも出てくる。

貫行子《ぬきみちこ》さん〔現・上野学園大学客員教授〕の研究では、大脳の中でα《アルファー》波（精神的にリラックスして創造性につながるタイプの波）の出方が、二十代、三十代、四十代、五十代で全く違うことがわかった。α波が出るのは二十代ではなんとあのロックを聞いているとき、五十代では童謡とか演歌を聞いているときなのである。ここに哀れをとどめたのは四十代で、何を聞かせてもα波は出ない、ことほど左様《さよう》に「疲れ切って」いるのだそうである。

ところが、一方で「もう軍歌はやめようや」という自制の提案にグループが賛同する光景が見られる。この抑止力は大脳の表層部から出てくる新しい情報によるものだろう。あるいはまた、戦前の生活環境の中で人間形成を遂げたものは、家の経済状態・父母兄姉の躾《しつけ》・学校の規律のきびしさ・社会からのさまざまな規制（世間の目という尺度など）・宗教的な戒律等々から、辛抱《しんぼう》・忍耐などを美徳として刷り込まれてきた。そのため器質的には前頭葉《ぜんとうよう》が発達して血流の調節がうまくいっているに違いない。現代の高・中学生がすぐ「キレる」「ムカつく」という言葉を口にするのは、前頭葉の抑止力がなにかの原因で衰えているからという専門家の意見がある。私が聞いたもっと絶望的な情報は、現代の子どもはクルマ社会の発達で膝小僧《ひざこぞう》が小さくなっている（だから路上や階段にべったりと座る・長時間立っていられない）、そのうえ前頭葉の発達が充分ではない、というものである。

刷り込みと抑止力。人間が成長するにつれて、両方とも身につける行動情報だろう。これが年をとってどうあらわれるか。前に私は「大久保彦左衛門」と「明恵上人」と表現したが、私自身が齢《よわい》七十歳を超えて思うのは、「私の中の老い」と「老いの中の私」の二つの姿である。

べつに自慢していうのではないが、私は年齢《とし》をとって、ただ単に「バカ」をやらなくなったばかりではなく、言葉も動作も〝小ぶり〟（関西でいう〝かさを低く〟）にまとめるようになったと思う。近頃、相手に向かってしゃべる量を半分にすると、相手の言葉が二倍聞けることがわかった。表現も同じで、なるべくたくさん書かない方が、伝えたいことがかえって鮮明になるようである。

作家の森敦《もりあつし》氏は若い頃横光利一氏からその才能を絶賛されたが、文壇にデビューしたのは昭和四十八年六十一歳のときだった。その間、住居を転々と変える生活で、それでも放浪先から文学仲間に手紙を書き続けた。仲間の方もよくしたもので返事をくれたが、十年たち、二十年たちすると、返事の数はどんどん減ってゆき、とうとう一通も来なくなった。そして第七十回芥川賞に『月山《がっさん》』が入選した。

月山は東北地方の霊山の一つである。当時、東北地方で大きなテレビ対談番組を東北電力の提供で続けていた私は、森氏に仙台まで来てもらい、本番中に『月山』を書いているときの心境を聞いた。森氏は、「ああ、あれは」と静かな口調で言った。

「天に向かって出した手紙です。もう誰も友人は返事をくれなくなった、僕一人になった。だから天に向かって手紙を書いたのです」

「慎独《しんどく》」（独《ひと》りを慎《つつし》む）とはこういうことをいうのだろう。言志録《げんしろく》にもあるように、身を慎んで天の道と合体することである。もう少し卑近《ひきん》な言葉でいえば、身を慎まないと天の呼吸が聞こえてこない、ということである。

老いてわかること、それがあるように思えてならない。私の若い友人が、松江《まつえ》の足立《あだち》美術館で横山大観《よこやまたいかん》の絵に見とれていると、上品な老紳士が「絵を理解するためには、その作家の絵を時系列で見ることですよ」と教えてくれた。「たとえば、この横山大観ですがね、四十代から八十代まで、だいたい十年ごとに変わってゆくのです」と言葉を継いだ。たとえば、「竹に雀《スズメ》」をテーマにした絵だと、四十代では雀が五羽描かれている。五十代になると四羽になる。六十代で三羽、七十代で二羽、そして八十代になると、大観は一羽しか描いていない。そして、その一羽のなんと生き生きとして、生きるものの生命を伝えていることか。

このエピソードだけで、「慎独」の意味が伝えられたかどうか、私にはわからないが、こういう「引き算の人生」を老後につくってみるのもいいのではないか。

この逆が「足し算の老後」である。「私の中の老い」を自覚しながらも、「老いの中の私」に、もうひと花咲かせてみようと考える。「老い」とは、別の言葉でいえば、人生の持ち時間の少ないことである。少なければ少ないだけ、いままで「やってみたい」と思ったが、仕事や生活の関係でやれなかった、それをいま思い切って「やってみる」のである。

これまた面白い現象で、老後にはじめたことが本業になった、という例はずいぶんある。

たとえば、原爆画家の丸木位里《まるきいり》夫妻（夫人は赤松俊子《あかまつとしこ》〈丸木俊《とし》〉）の母親は、七十歳を超えてから絵筆を執《と》り、それもエネルギーあふるる抽象画で、百号の大作を並べ、何度も個展をひらいた。

箱根《はこね》の仙石原《せんごくはら》に「バンブー」というイタリア・レストランがある。料理もいいが部屋のデザインもいい。その店内の壁に、日本では珍しいフレスコ画がある。実に繊細で、絵の夢っぽさが雰囲気とよく似合っている。聞けば、オーナーの母親が描いたもので、制作したときは七十八歳であったという。

人間の知能因子は九十一あるといわれている。私たちは、生きるためにその中の一つか二つ、使ってきただけである。「老い」という「自分の持ち時間」ができたとき、未使用の因子を使って、そこに生き甲斐をみる。それも素晴らしいことではないか。

年寄りの出る幕

年寄りだけではないらしいが、若い人の姿がどうもだらしなく見えていけない、という声をしばしば聞くようになった。

いちばん多いのが、町の広場や駅の階段などにべたっと座る姿である。野菜しか食べない人のことをベジタリアン（菜食主義者）というが、彼らは地面《じべた》にべったり座るからジベタリアンだとうまいことをいう人もいるが、なんだあの格好はと思っているうちに、「お便所しゃがみ」というのがあらわれた。和式便所で用を足すときの、あの姿勢を、女の子が白昼しかも衆人環視の場所でやらかすのである。

親たちは何も言わないのだろうか、学校の方も問題にしないのだろうかと、例によって例のごとく、躾《しつけ》の欠如に話がいってしまうことが多い。私も躾論者の一人だった。しかし、どうも躾の問題ばかりではなく、若い人たちの気持ちの中に、いま生《せい》を営《いとな》むことに倦《う》むものがあって、それがジベタリアンやお便所しゃがみの姿勢をとらせているのではないかとも考えていた。

ところが、本当の原因らしきものを告げられて仰天《ぎょうてん》した。まさに〝二の句〟が継《つ》げなかった。

前にも少し触れたように、じつは、私たちが膝小僧と呼んでいる膝の皿が、いまの若い人は小さくなっているのだそうである。体育医学の先生の話だから本当だろう。膝の皿が矮小化《わいしょうか》しているために、自分の体重を支え切れない、そこで立っていることが苦痛ですぐ腰をおろしたがる。それが、あの地面べったり、お便所しゃがみの原因だという。この膝小僧の矮小化論を聞いたとき、ついでに、飛び上がらんばかりの話も聞いた。本編には直接関係ないが、書きとめておく価値はあろうかと思われるのでお伝えすると、いまの子どもがすぐ「ムカつく」「キレる」というのは、そのような衝動を抑制する前頭葉の形が、これまた膝小僧と同様に小さくなっている、それで血流のコントロールがうまくゆかないのだそうである。

こうなると、ジベタリアン・お便所しゃがみを製造した真の犯人は、生活の中から「耐える」という心の行為を消し去っていった「文明装置」だということになる。文明は、時間を短縮し、寒暖の差を消滅し、発汗や筋肉使用の機会を減らしてきた。それらと引き換えに人間が文明のおかげで得たものは、効率であり、安全であり、快適さであった。

こうなると、年長者は若い人に向かって「もうすこし、ちゃんとしたらどうだ、そんなだらけた格好をしていると、心までだらけてしまうぞ」と、言ってやりたい気持ちはヤマヤマだが、クルマ社会も電化生活も自分たちが営々として発展させ、「便利な世の中になったもんだ」と楽しんだものだし、いまの若い人を子どもの頃から文明にズブ漬《づ》けにしたのも年長者だから、原因と結果がわかればわかるほど、言いにくくなるのである。

それでは、年長者の〝出る幕〟はいよいよなくなるばかりかというと、それがそうではないように、私は思う。

もちろん、前にも書いたように、昔はよかった、明治の人は偉かった、という「後退史観」は困る。日本は明治で終わりです、なんていわれると大いに困る。歴史の歯車にはバック・ギヤーがついていないからである。だから、年長者はいつまでも「後退史観」に立って苦情を言っていないで、年長者だから知っている「いい話」を後世に伝えてやるべきだろう。『礼記《らいき》』にも「七十歳を過ぎたら老伝」とある、と聞いた。

「いい話」は、自叙伝や芸談や流芳録《りゅうほうろく》(故人を偲《しの》ぶ本)に、ふんだんに出てくる。考えてみれば、いまの年長者だって人生行路を歩いてくる過程で、生の渇《かわ》きを癒《いや》してくれる言葉にどんなにか救われたことだろう。ときどき、「その一言が私の人生を変えた」という特集記事を読むことがあるが、若いときの再起転生はもちろんのこと、かなりな年配になってからも「その一言」に救われた経験があることを知って、人間の〝したたかさ〟に驚くことがある。第二章で紹介したが、直井潔氏が全身麻痺《まひ》の身をベッドに横たえて、死を決意した間際に、志賀直哉の『暗夜行路』を読み、主人公の時任謙作の人生観に感激して、あの長編小説を全篇暗記した話など、私にとっても忘れえぬ話になっている。

たとえば、横山大観の自叙伝〈『大観自叙伝』〉に「年長者ならではの言葉」が光る一節がある。横山大観は東京美術学校（現・東京芸大）第一回生で、卒業後は助教授となったが、恩師の岡倉天心《おかくらてんしん》と行動をともにして辞職、一時は極貧の生活を味わったと、その苦しさを自叙伝の中で書く。

「世間から一枚の需要もない身は収入の道が杜絶《とぜつ》して、その日その日の生活は身を切らるるように苦しかった」

そのさ中《なか》に、岡倉天心は米国出張から帰朝、体調をこわして下谷《したや》の田所《たどころ》病院に入院する。そこへ見舞いに来た辰沢延次郎《たつざわのぶじろう》〈札幌木材社長などを務めた実業家〉との会話を紹介したいのである。

「あのままでいては二人共乞食《こじき》になって終《しま》いますが、どうするおつもりです」と辰沢が言うと、岡倉は「乞食になってもいいではないか、本人が自己の主張する芸術に忠実なのだから、乞食になるまで見ていよう。しかし、もし二人が乞食の境遇まで行った時には、あなたは一つ着物を送って遣《や》って下さい。私は米や味噌でも送ります」と約束したという。

「このことを後で聞いたとき、私は先生の真の愛情の発露に、この時の情景を涙なしには考えられなかった」

自己の主張する芸術のために乞食になるのならそれでいいじゃないか、これを言えるのが師匠というものだし、芸術の道をえらんだものの率直な声なのだろう。

「そうか、売れないのか、それで貧乏しているのか、取りあえず金を送ってやろう、それから折を見て話を聞いてやろう」とでも言えば、世間から「弟子に優しい師匠だ」ともてはやされようが、それで育つ弟子よりもそのために堕落する弟子もあるだろう。よしんば成功したにせよ、「師匠とは弟子が困ったときに助けるものだ」くらいの認識しか持てない、〝父《と》っちゃん坊や〟が誕生するのではないだろうか。

岡倉天心はアメリカ人のために『茶の本《ブック・オブ・ティー》』を書いたことでも有名だが、私は『大観自叙伝』の中に、人が人を遇《ぐう》するときのきびしさを教わった思いがした。思えば、横山大観もいい師匠を持ったものだが、立場を替えて岡倉天心の方からみれば、「自分の選んだ道だから乞食しても仕方がないじゃないか」という言葉を涙とともに理解する弟子を持ったことも幸せであろう。

禅語にいう「啐啄同機《そつたくどうき》」とは、このことをいうのだろうと思った。母鳥が卵の殻《から》の外から嘴《くちばし》でコツコツと叩《たた》く、これが啐《そつ》。卵の中から雛《ひな》が殻の内側をコツコツと叩く。これが啄《たく》、啐と啄がぴったり合って、卵の殻が割れ、この世に新しい存在が発現する。

この人間関係の間にある微妙な出来事を、巧《たく》まずして伝えてくれたのが、三代目市川左《さ》団次《だんじ》である。作家の北條誠《ほうじょうまこと》氏による『市川左團次藝談きき書』は、人間形成のおもしろさ、ときには奥深さがいっぱい詰まっているが、私が人生の教科書として何度も読み返すのは、四代目吉住小三郎《よしずみこさぶろう》〔長唄《ながうた》の唄方《うたかた》〕と三人の男の話である。以下、市川左団次のきれいな語り口をそこねないよう、原文のまま紹介する。

ご存じ、吉住小三郎、いまの慈恭《じきょう》、この人北海道長官だった黒田清隆《くろだきよたか》に大変かわいがられましてね。

「唄のことはわしにはわからんから、一度当代の名人に聞いてもらえ」

ってんで、清隆が九代目団十郎、五代目菊五郎、そして落語の三遊亭円朝《さんゆうていえんちよう》、この三人に話をつけてくれた。

まず、九代目。うたい終わってから、小三郎が意見をうかがうと、

「結構でしたよ、ま、しっかり勉強しなさい」

愛想よくそういっただけ。次が五代目。これはこっちからおそるおそる御意見をうかがう前に、

「あのねえ小三郎さん、あっしゃ来月明治座《めいじ》に出る。お前さんの唄をきいていたら滅法《めつぽう》やりたくなった。どうだい明治に出られないかい？」

ってわけで、トントンと話がまとまった。最後の円朝は、

「私ゃハナシ家だから、唄の批評はできない。ハナシで意見をいいます」

ってんで、一席やった。その同じ話を三度しゃべって、驚いたことに、三度ともイキが同じなら間《ま》のとり方も同じでさぁ。

「おわかりですか？」

小三郎はじめて、唄は間が大事だってわかったっていうんです。三人三様、面白うござんしょ？

さすがは円朝、と私などしきりに感心したが、この話の中で、ちょっと素っ気なく紹介された九代目団十郎、五代目菊五郎について、左団次は「老い」を語りながら、こんな話をしている。

「考えてみりゃ私も、芝居にはいってもう六十六年でさぁ。役者なんてのは、こんなに長くやる商売じゃござんせんよ。気ばかりあせってもね、もうこれってことができない。私のほかには、寿海《じゅかい》〔三代目市川寿海〕・多賀之丞《たがのじょう》〔三代目尾上多賀之丞〕あたりがもう古老です。役者は年をとるとね、生《い》け殺しがうまくいかなくなるんでござんすよ。その悪いところ、衰えたところを見せないで死んだのは、九代目団十郎と五代目菊五郎。九代目は六十五、五代目は六十。この死んだ年は、いまなら、まだまだ若いっていえる年でさぁ。六代目が六十五ぐらい、播磨屋《はりまや》が七十ぐらい、でしたね、なくなったのは」

役者だもの、老《ふ》け役も娘役もやらなければならない。「もう、年齢《とし》ですから」は通用しない。綺麗《きれい》どころをやりながら老醜を見せない、それが芸というものだろう。だから、芸には年齢は関係ない、といわれるわけだ。

私たちも、考えてみれば、人生という舞台でそれぞれの生を演じてきたようなものではないか。だったら、年をとったがゆえの「衰えたところ、悪いところ」をなるべくなら見せないに越したことはないだろう。そうかといって、なにも無理をすることはないんで、年齢相応の物の言い方、仕草、そして「年齢をとらなければわからぬこと」の伝え方、それぞれがちょっと工夫して、「あの人が傍《そば》にいるだけでホンワカする」、そう言われるような年寄りになってみる。すると、年寄りの「出る幕」は、向こう様がつくってくれるのではないかと、私は思っている。

「年寄り冥加《みようが》」の真実

ある芸術院会員が、自分は子どもの時から身体が弱く、それだけに気性も穏やかで、世の中に出てからも周囲とそりを合わせることに気を遣《つか》っていたから、年をとってから若い時の仕事を見ると、そういう自分の生き方が仕事に映《うつ》し出されて、ああ、もっと自分らしさを表現しておけば、少しは残る仕事になったのにと幾分《いくぶん》口惜しく思うことがある、としみじみ述懐するのを聞いたことがある。

こういうのを「老いの繰《く》り言《ごと》」として片付けるのは易しいかもしれないが、それは人の生き方に対して不遜《ふそん》というもので、人にはそれなりの生き方というものがあるはずである。

私の好きな作家、中島敦《なかじまあつし》もその代表作『李陵《りりょう》』の中で、司馬遷《しばせん》の立場をかりて語っている。

「常々《つねづね》、彼は、人間にはそれ〴〵其《そ》の人間にふさはしい事件しか起らないのだといふ、一種の確信のやうなものを有《も》つてゐ《い》た。之は長い間史実を扱つてゐる中に自然に養はれた考へであつた。同じ逆境にしても、慷慨《こうがい》の士には激しい痛烈な苦しみが、軟弱の徒には緩慢《かんまん》なじめ〳〵した醜《みにく》い苦しみが、といふ風にである。たとえ始めは一見ふさはしくないやうに見えても、少くとも後の対処のし方によつてその運命はその人間にふさはしいことが判《わか》つてくるのだと」

なにが、人それぞれの対処の仕方をきめてしまうのか。「遠い昔から刷り込まれた遺伝情報ですよ」と言われればそれまでだが、トコロ天じゃあるまいし、遺伝情報という力で人生の筐《はこ》をスルリと押し出されるんじゃ、人生、花も実もあったものじゃないと、ひらき直りたくもある。

そう、その「ひらき直り」が年をとってから行われると、若いときに嚇《か》っと目をむいて社会を見てきた人の言い分ほど「目撃者の記録」なんていうものになる。私は、これが貴重だと思っている。

昭和五十年頃から、「自分史を書きましょう」という動きがこの日本の中に起こり、あっちこっちで自費出版の「自分史」が始まったが、これがなかなかおもしろい。それというのも、学問として書かれる政治や経済は、なんといっても体系立てることが第一義となるから、その時代を築き上げた思想なり人物なりに光をあて、これでよかったのだ、こうするほかに仕方がなかったのだという筋道が立てられる。小説の方もご同様で、上杉謙信《うえすぎけんしん》の信心深さだの、武田信玄《たけだしんげん》の知略だのに焦点があてられ、戦国時代といえば武将の生き方、幕末維新といえば戦《たたかい》に勝った男たちの勇気と決断、そんな相場にきまっている。しかし、武将たちに戦《いく》さをされるたびに迷惑した百姓町人のことはどうなのか。それを書いたのが、山本周五郎《やまもとしゅうごろう》氏である。

「慶長《けいちょう》五年の何月何日に、大阪城でどういうことがあったか、ということではなくて、そのときに道修《どしょう》町のある商家の丁稚《でっち》がどういう悲しい思いをしたのか。その悲しい思いの中から、彼がどういうことをしようとしたかということを探究するのが文学の仕事だ」

「政治にかまって貰《もら》えない、道徳法律にもかまって貰えない最も数の多い人たちが、自分たちの力で生きていかねばならぬ、幸福を見つけ出さねばならない」

だから私はこの作家が好きなのである。私ばかりではなく、たとえば山本氏の代表作『さぶ』『虚空遍歴《こくうへんれき》』をニューヨークに住みながら何回となく読み返している人がいる。アメリカ人の中にも「さぶ」みたいな人物がいて、お人善《ひとよ》しのために何回も人に裏切られながら人間不信に陥《おちい》ることなく、自分の力で人生を切り拓《ひら》いてゆくタイプにお目にかかるという。なんとなく声をかけて、話し合っているうちに、好きな映画俳優、聴《き》けば心のしびれるジャズのナンバー、ウイスキーの飲み方まで同じなのに驚くそうだ。

橋本久義《はしもとひさよし》氏という政策研究大学院大学の教授がいる。もとは通産省のお役人だった。鋳鍛造品課長になったとき、工場見学をさせてもらいたいと役所に申し出た。許可がおりて、毎週木曜日、埼玉県川口《かわぐち》市の鋳物《いもの》工場を皮切りに現場をまわった。三千以上の工場を訪れたところで、『町工場の底力』という本を書いた。経営者たちは、ケインズにもミルトンにも縁《えん》がなかった。市場経済理論だのニュー・エコノミイだの、縁もゆかりもなかった。知っているのは現場の仕事から身につけた「身体知《しんたいち》」あるいは「暗黙知《あんもくち》」と呼ばれるものだ。材料の性質、機械の動かし方、工程の工夫、これを死に物狂《ものぐる》いで研究し、親会社の無茶な注文をかなえてやり、そうすることで自前の技術を中心に下請《したうけ》の比率をどんどん下げていっている。どれもこれも、私には胸のすくような話だった。そこには生きた経済があった。山本周五郎氏の「さぶ」が働いていた。工場主の話ばかりではなく、ある商店街の若い経営者の話が出ていた。なるほど、と小膝を打ってしまう話だった。

「小売りの原点は〝朝市《あさいち》〟にある、と気がついた」という。なるほど、言われてみればそのとおりで、地方都市の一日は「朝市」で始まる、といってもよい。日本ばかりではなく、ピカソの美術館があるアンチーブも、上海《シャンハイ》市の公園の近くも、バルセロナも、ローマも、ダラスも、みんな「朝市」から商売が始まるのだった。スーパーの「ダイエー」の前身である「主婦の店」も、一番電車が走るちょっと前に店のシャッターをあけて、通勤客を迎えたものである。

「朝市」を呼びかけて商店街復興のきっかけとした若旦那《わかだんな》は、商業集積地の効率とかナントカという理論には見向きもしないだろう。そんなことを知っているより、店の前を通る若い娘や中年男に「おはようございます」と、気持ちのよい声をかけてやることの方が仕事なのだ。

「オンリー・ワンの店になることが〝生き残る道〟だというが、日本の中小企業六百五十万社がそれぞれオンリー・ワンになるなんて不可能だし、非現実的だ」

橋本氏のこの指摘は実際的である。だから正しい。「オンリー・ワン」をすすめている手合いは、おもしろいことに、ほとんどが経営者ではない。つまり、銀行との掛け合いや問屋の言ってくる希望価格の値幅交渉に血の涙を流したことがないのである。だから、その日を生きている小売商店からすれば、別の経営論が、いや、日本経済のあり方が蚕《かいこ》が糸を吐《は》くように出てくるのである。

小売店主にかぎらず、一所懸命生きてきた人は、その生きてきた時間そのものが歴史だから、公的な立場の歴史が曲がってしまうと、アレレということになる。詩人の金子光晴《かねこみつはる》氏が「自伝」〔『詩人 金子光晴自伝』〕の中で大切なことを書いている。

「戦争中、戦時詩を書いていた連中は、丁度《ちょうど》いまの僕のように、ちやほやされた。そして、チューイングガムのようにカスは吐きすてられた。僕は、おもちゃにされたくないという気持から、できるだけジャーナリズムから遠ざかって生きてゆくようにした。僕は、僕を甘やかすもののなかに敵をみないわけにはゆかなかった。そればかりか、僕の性格は、あれほど僕がまもりつづけた筈の自由のよろこび、ヒューマニズムと名のつくものに対してさえ、猜疑《さいぎ》の目をむけずにはいられなかった。それがあまりにたやすく使われ、おしつけがましく横行しはじめたとき、一億玉砕の時期以上に、人間に対する不信が輪《わ》をかけたものになってきはじめた」

文明の装置に対しても、年齢《とし》を重ねて付き合っているうち、「待てよ」と立ちどまる時がくる。これが年寄り冥加である。

テレビにせよ、オーディオ器械にせよ、次から次へと新型だの新品があらわれる。もうこれ以上は技術的にはできない、最高だ、とのご託宣《たくせん》をさんざん聞かされる。ところが、ラジオだテレビだと言ってるうちはよかったが、パソコンだインターネットだとなると、突如《とつじょ》として、人を喰《く》った話が躍り出た。「たしかにパソコンに習熟するのは大切ですけれど、要はコンテンツ（内容）です」というのである。これには、笑う前に腹が立った。

かつて「コンピューター、ソフトなければ只《ただ》の箱」という川柳があった。パソコンだって同じことである。どんな情報が欲しいのか、誰に発信したいのか、その発信の内容はどんな価値があるのか、それがきちんと文字になっていなければ、相手にされないのはあたりまえである。

しかし、この馬鹿げた「コンテンツ論」のおかげで、私は「わが裡《うち》なるコンテンツ」に気がつくことができた。

話が小《こ》むずかしくなるのを避けて、安岡章太郎氏の「音楽論」を紹介しよう。

「音楽というのは、レコードや再生装置のなかにあるわけではなく、私たちの心の中にひそんでいる何かなのだ。だからオーディオの音響というのは、出来るだけ私たちの耳に違和感なく、心の中のものを引き出す手立てになってくれればそれでいい」

こういうのを「正論」というのだろう。たしかに、私たちはそれぞれ心の中に「私の音」を持っているに違いない。

かれこれ三十年ほど前になるが、私は師匠の大宅壮一《おおやそういち》氏のお伴《とも》をしてインドネシアへ行ったことがある。ジャカルタのホテルに着いて、部屋割りがきまったあと夕食時間まで余裕ができて、その間は自由行動となった。ホテルの傍《そば》のベンチに師匠が腰かけているので、私も横に腰をおろし、「先生が南方司政官としてジャカルタにおいでの時とずいぶん変わったでしょうね」と、あたりまえのことを問いかけると、大宅氏は「うん」とひと言いって、黙って空を見ていた。ああ、あの戦争中のことを想い出しておられるのだな、と思い私も黙って時を過ごした。集合時間が迫ってきたので、私は「先生、時間です」と言いかけて、声を呑《の》んだ。夕焼けの空を見て師匠は一筋、二筋と涙を流していたのである。亡くなった人への追慕《ついぼ》か、過ぎ去った時へ捧《ささ》げているのか。

そのあと、私は師匠に暇をもらって、単独でバンドンに行った。スカルノ政権打倒を画《かく》策《さく》したクーデター勢力を鎮圧したシリワンギ師団を取材するためだった。師団長は、せんだって退陣したスハルト氏だった。

取材のあと、日本兵でインドネシアの女性と結婚し、いまは事業家になっている人がすぐ近所で私を待っているというので、訪問した。招《しょう》じ入れるとすぐ、その旧日本兵は「僕は、いつも、レコードをかけて、日本とつながっているんだ」と、ＳＰレコードの箱を持ち出した。東海林太郎《しょうじたろう》の『赤城《あかぎ》の子守唄』、藤山一郎《ふじやまいちろう》の『青い背広で』、高田浩吉《たかだこうきち》の『大江戸出世小唄』。レコードはカサカサと擦《す》り切れた音を立てて回転した。旧日本兵は「キミ、いいだろう、日本の歌は」と言いながら、静かに涙を流していた。

第四章

健康法の海の中で

二人の女将《おかみ》の気概

女親としての楽しみのひとつは、孫娘の花嫁姿を見ることだそうだ。娘の結婚のときは、自分も母親として当事者の一人であり、上席《じょうせき》に座らされて、仲人《なこうど》さんがうまくしゃべってくれるか、お料理はちゃんと出るかで、気ばかり使っているうちに式が終わってしまい、あとには空《むな》しい疲労が残るばかりである。これが孫娘となると、自分は責任のない見物客の方にまわるから、孫娘が綺麗《きれい》にドレスアップされればされるほど、生きていてよかった、という誰にも言えぬ喜びに満たされるのだという。

ところが、近頃は「こんなはずじゃなかった」と、落胆させられる祖母が三割近くいるという話を聞いた。なぜ、三割か。出所は家電業界である。いわゆる〝白《しろ》もの〟（電気冷蔵庫・電気洗濯機・電気掃除機）の荷動きは全体を一〇〇とすると、買い換え需要が五〇、新規購入が五〇で、この新規のうち三〇は〝新世帯用〟なのだそうだ。

ところが、最近は、結婚しても式は挙げないし披露宴もしない、役所へ届《とどけ》を出して戸籍をつくるだけというカップルがどんどんふえている。このカップルは、すでに何年か同棲生活を送っているので、〝白もの〟はもちろん、テレビもパソコンも携帯電話もひと揃い持っている。

そこで「おばあちゃん、私、式は挙げないからね」と孫娘に言われて、「こんなこととは思わなかった」と呟《つぶや》く羽目に至る、それが三割方だという。

「自立の時代」がキイ・ワードになって、自立のためには「自己決定」「自己責任」が大切ですと、たいていは一人で仕事をしている人がテレビなどで言うものだから、それほど「自己決定力」も「自立力」もなさそうな若い人までファッションのように「自由にさせてよ」ということになりやすい。

新聞の歌壇に入選した千葉市の愛川弘文氏の一首がある。

　みながみなナイキの靴《くつ》とTシャツと茶髪《ちゃぱつ》ピアスの「個性の時代」

なにが「自己決定」なものか、周囲の情報におくれたくないだけの話じゃないか、と誰しもが思うだろう。この解釈、全く正解なのだが、高齢者の健康法や余暇の娯《たの》しみ方も、

〝あれか、これか〟ではなく、〝あれも、これも〟と、情報に鼻面《はなづら》とって振り回されていることが多い、と私は思う。

だから、情報化時代はクセモノで、こちらの付き合い方が悪いと、情報禍《か》時代になってしまうのである。この「禍」の方にひき込まれないためには、自分のモノサシが大切だろう。この「大切なモノサシ」という概念は、西欧にもあって、聖堂の中の宝物をいう言葉（シソーラス、Thesaurus）と同じである。

二人の料亭の女将の話をしたい。

東京の紀尾井町《きおいちょう》に「福田家《ふくだや》」という由緒ある料亭がある。政財官界人にはもちろんお馴染みだったが、先代の女将がやわらかな考えの持ち主で、作家やジャーナリストにも自由に席を使わせた。川端康成《かわばたやすなり》氏が東京の常宿《じょうやど》にしていたが、やがてこの料亭の一室で小説を書くようにもなった。ある時、風呂の中で想《そう》を練《ね》っているうちに眠ってしまい、受持ちの仲居《なかい》さんが寝床をのべにいったついでに、静かすぎる室内を不審に思い、声をかけて風呂場をのぞくと、川端氏が水風呂の中で熟睡していたという話がある。あの一行一行が紙面から立ち上ってくるような文章を書かれる文士は精根《せいこん》の際《きわ》で仕事をされていたのだろう。

福田家を訪れると、私は川端氏のこの話と先代の女将の話を思い出すのである。『壮快』という健康雑誌があるが、私は創刊そうそうからかれこれ十年ほど、お医者さんや大学の先生と対談させてもらったことがある。その席を和《なご》やかに、静かに、取り持ってくれたのが女将だった。あるとき、「人生の退《ひ》け時」の話になった。「女将にもありますか」と、この序《つい》でに話の水を向けると、「ありますとも。少なくとも、私は自分の退け時を心得ております」と言ってからの話がこちらの心に響いた。

「お座敷に出て、なにかの用事で立ち上がるとき、卓子《テエブル》なり畳《たたみ》に手をついて〝よいしょ〟とやったら、それが退け時と、いつも自分に言い聞かせているんですよ」

卓子や畳に手をついた時。これはわかりやすい。と同時に、老いの自覚も哀切《あいせつ》である。じつに鮮烈な言葉で、それゆえに、いつまでも私は覚えている。

もう一人は、京都の、これまた東郷《とうごう》〔平八郎《へいはちろう》〕元帥も泊ったという、由緒のある宿の女将である。坪庭もよかったが、飯櫃《めしびつ》から風呂場の道具がすべて「たる源《げん》」の製品で、ひねもす籠《こも》って本を読んだり書きものをしたりしても、京都の音、色、規矩《きく》、そして風の匂いさえも味わえるような家だった。

そこの女将がいつも美しかった。美しさが変わらないのである。顔のつくりもよかったが、立居振舞《たちいふるまい》が好ましいのである。おそらく、幼少の頃からの仕込まれ方によるもので、背中から腰を経て脚《あし》の筋肉がしっかりしているのであろう。座るときも音を立てず、立ち上がって歩き始めても、裾風《すそかぜ》の起こることがない。そのような姿、形ばかりではなく、話し方にも無駄がなく、なにより心地よかったのは、初めから終わりまで音声のレベルに変化がなかったことである。

この女将をある大学教授が好きになったとみえ、京都に来れば女将のいる宿に泊る。発明特許をいくつか持ち、企業の経営問題にも一家言《いっかげん》があり、明晰《めいせき》で柔和《にゅうわ》な人柄のためかテレビや講演の売れっ子になった。なかなかのおしゃれで、世間の評判もよい。女将の周囲の男たちは、やっかみ半分で二人の成り行きを見守っていたが、とうとう客と女将の関係を越えぬまま、大学教授は亡くなってしまった。

「一緒になろうと持ちかけられた、と聞いてはいたが、どうして踏み切れなかったの」と聞いてみると、「こわかったんです、私」と、まず結論を言ってから、教授のある習慣を教えてくれた。

食事が終わると、旅行鞄《かばん》から十数個の薬瓶《くすりびん》を取り出し、食卓の端《はし》から端まで並べて、片っ端から服用し始める。「女将も飲めよ」と言われて従ったが、七、八個目で錠剤が咽《の》喉《ど》にひっかかって、ぜいぜいやっているうちに涙が出てきた。涙の中味が、よりにもよってこんな人に想《おも》いをかけられるなんて、という思いに変わってきた。それでも教授は、宿に泊るたびに薬瓶を並べる。しかも来るたびごとに薬瓶の種類がふえてゆく。とうとう、挨拶に出る気さえしなくなった。ああ、いやだ、と思いながら襖《ふすま》の引き手に手をかけるようになった。さまざまに口実《こうじつ》を設けて顔を合わせないようにしているうちに、教授の訃報《ふほう》が届いた。

福田家の女将は自分自身の気力・体力について、ちゃんと節目《ふしめ》をつくっている。そのうえで、健康に対する配慮を重ねている。プールの中を歩く、歩いたあと少し泳ぐ。松の葉をホワイト・リカーに浸《ひた》して出した成分を飲む。私もひと瓶いただいたが、その時、松の種類を伺えばよかったと、後悔している。松では赤松が人間の身体にとって、いちばんよいそうだ。ついでに報告するが、上海に行った時、例によって午前六時に起きて、ホテルの近くの公園にゆき、スピード・ウォーキングを始めた。すでに公園の中は太極拳《たいきょくけん》をやる人たちでいっぱいである。ところが、ところどころ、まるっきり人がいない空地《あきち》がある。不思議に思って近寄ると、その空地に立派に成長している木があって、木の枝に赤い小さな札《ふだ》が下がっている。あとで中国人に尋ねたところ、木にもいろいろと種類があって、人の健康のためになる木と、健康を害する木があるので、あぶない木には赤い札をつけるのだという。

福田家の女将の対照点にあるのが大学教授である。「健康のためによい」といわれた薬にあっちこっち手をつけるのは、「どういう自分でありたいか」という、思想というか、考えが確立していないからであろう。言いかえれば、健康情報に対する主体性の問題なのである。

濱口《はまぐち》恵俊《えしゆん》氏（国際日本文化研究センター教授）が、情報と主体性の関係について、たいへん興味のある分類をしている。

独断と偏見型。情報の量が少ないと、人は独断と偏見に陥りやすい。少ないばかりではなく、自分にとっては不愉快な情報（忠告・苦言・異質な言葉）を排除しがちな人は、必ずこれに陥る。甘言《かんげん》ばかり取り入れている人は、健康もそこないやすいし、社会的な地位からも陥落しやすい。

混識型《こんしき》。入ってくる情報をロクに点検もせずに信じ込み、他人の意見を自分の意識のように、右から左へと流して得意になっている人。食後たくさんの薬瓶を食卓に並べた大学教授など、この典型だろう。

見識《けんしき》型。はじめに自分の意見をきちんと持ち、これをフィルターとして情報を篩《ふるい》にかけ、取捨選択したものを組み立て、情報に足をとられず、むしろそれを道具として使っている人をいう。

達識《たつしき》型。前者の見識型をさらに洗練したタイプで、大きな原理の中で情報を見ている人。この達識型の典型として、私は小林一茶《こばやしいっさ》を挙げたい。

落葉して日向《ひなた》に立てる榎《えのき》かな

一茶の句である。秋に入り葉を落として身体いっぱい太陽の光を浴びている。だから、春になれば新しい芽吹《めぶ》きがある。年齢《とし》をとったら余計なものはどんどん整理して、天命どおりに生きたらどうですか、一茶は悟りの底から語りかけているようだ。

「歩く」と日本が見える

どんな健康法をしていますかと聞かれれば、速歩術（スピード・ウォーキング）と調息《ちょうそく》法ですと答えるが、聞かれなければ話題に出さない。ましてや見ず知らずの人に「身体にいいこと、やってますか」などのお節介をしないこと、それもまた健康法の一つと心得ている。

むかしから「わが仏、尊《とうと》し」という警句があって、自分の信じている宗教、趣味、師《し》表《ひょう》、料理、健康法などを、この世で一番と主張し、他人にもすすめ、批判されると、いよいよいきり立つ人がいる。他人思いで善意にあふれる人もいるのだが、しばらく音沙汰《おとさた》を聞かないので、あの人いまどうされていますか、と耳聡《みみざと》い人に伺うと、せんだって癌《ガン》で亡くなられましたという返事がくることもあって、「わが仏」を語らなくてよかったな、と安堵《あんど》することがある。

あるいはまた、健康法の「ケ」の字も口にせず、美しく年齢《とし》をとり、楽しそうに人生を送っている人もある。

暉峻康隆《てるおかやすたか》氏は早稲田大学の〝江戸っ子教授〟だったが、NHKの高齢者向け番組「お達者くらぶ」で、じつに円熟した会話をしていた。あるとき、百四歳だかの老人を訪問したが、そのときの老人の話がおもしろい。

「いま、何が欲しいですか?」との質問に「そりゃ、女の話相手だよ」と答え、「やっぱり、同じ年齢の人が話が合っていいのでしょうね」と話を進めると、百四歳の老人は「いや、女は若いのにかぎるよ」と、呵々《かか》大笑したものである。もちろん、本心ではない。聞き手の暉峻氏をからかっているのである。

そのうち老人は、巻煙草《まきたばこ》を二つに切って、長い煙管《きせる》の雁首《がんくび》に一つを詰めた。暉峻氏が、「ずいぶん長い煙管ですね」と感心すると、老人はアハハと笑って答えた。

「なにね、医者から煙草はなるべく遠ざけるようにと、言われたんでね」

悠々自適というのは、こういうことをいうのであろう。人生の酸《す》いも甘いも嚙《か》みわけてくると、「理屈というクツは馬も履《は》かない」ことがわかってきて、ここまで生きてきたけれど、考えてみれば「生かされる」ことの方が多かったんだな、とそれを芯《しん》に生《せい》を営むようになるらしい。

世の中には「男」と「女」の二種類しかいない、と威張《いば》っていう人がいるが、こういう人に会うと私は退屈でたまらない。動かしようのない天の配剤を口にしたって始まらないからである。

私の分類法では、「時間をつくる人」と「つくらない人」の二種類がある、といいたい。私の師匠の大宅壮一氏は「人間を成長させるものは、読書・旅行・友人の三つだよ」と教えてくれたが、大宅氏の言葉にはもう少し注釈がいる。読書のための本には〝悪書〟も入るし、友人には〝悪友〟も入るのである。私は、なるほど、と思って悪書や悪友にも付き合ってきたが、やはり「類《るい》は友を呼ぶ」で、悪書や悪友の方から遠去かってゆくものだと、いまは思っている。

読書・旅行・友人、私はこれに「健康」も加えたいが、この四つの要素を人間の成長剤とするに際して、欠くことのできない要素（あるいは関数といってもいいだろう）は「時間」ではないだろうか。

健康法のインタヴューが終わろうとする頃、必ず聞かれるのが「よく、時間がありますね」という言葉である。その逆もある。読書や健康法の話が出ると、「いま、ちょっと忙しくて、本を読んでいる暇がなくってね」という声が必ず出る。

おかしなことである。時間は「ある」とか「ない」とかいうものではなくて、「つくる」か「つくらない」かだけの話である。

忙しくて本を読む時間がないという。本当は「本を読む時間をつくらない」のではないか。

一日に二十七頁《ページ》読めばよいのである。『バイブル』でも『荘子』でも、二十七頁くらい必ず読める。朝、目覚めが早かったら寝床の中で読んでもいいし、通勤電車の中、公園のベンチ、喫茶店の一隅《いちぐう》、駅のベンチ、クルマの中、落語の「寿限無《じゅげむ》」ではないが「食う寝る所に住む所」、いずれも読書室ならざるはない。

一日に二十七頁で一年間に一万頁弱になる。三年間続けると三万頁になる。一冊の本を平均三百頁とすれば、三年間に百冊の本が読める。百冊の本を読むと、知識がふえるのではなくて、ものの見方がひとりでに身につくようになる。前に紹介したように、濱口恵俊教授のいう「見識人」あるいは「達識人」に成長すると思う。

おもしろいもので、人間は自分の方に変化を起こさない限り、いつも同じ光景を見ているようである。

ウォーキングも同じで、旅先にスポーツウェアとスニーカーを持って出かけているうち、日本の道路がほとんど舗装されていることがわかった。なるほど、下水道をのぞいてはシヴィル・ミニマムは完成したとはこのことかと感心したが、露地《ろじ》を歩いてみると、靴をとおして伝わる土の弾力の心地よさに、少なからず感激した。

露地のあるところで歩きやすいのは、新潟市内のホテル・オークラの前を流れる信濃川《しなのがわ》の堰堤《えんてい》、松江市の宍道湖《しんじこ》の湖畔につくられた歩行道路、高知県の中村《なかむら》市郊外の四万十川《しまんとがわ》の川沿いの道、この三本ではないかと思う。いずれも道がやわらかく、歩き終わってから、足の骨になんの痛痒《つうよう》も感じない。

舗装をしなければ、土埃《つちぼこり》は立つし、雑草は生えるし、その叢《くさむら》に虫が繁殖するだろう。つまり〝不衛生の空間〟を国土の中につくることになる。それを避けたいのが、おそらく国民の問わず語りのコンセンサスなのであろう。そのことは頭の中で充分に理解できる。しかし、土のやわらかい弾力性は、生き物としての私を優しく支えてくれる。これが自然と人間の共生ではないかと、コンクリート・ジャングルの中で拾えなかった考えが自分の中にできる。その考えを抱いて、地方都市にできたテーマ・パークの中を歩くと、要するにセメントとガラスと石油化学製品の集合体であることがわかる。そこに先行するのはコスト・パフォーマンスなのだ。朝、早起きしてウォーキングをしながら、なぜ、二キロくらい、アンツーカー（陸上競技場やテニスコートなどに使用する全天候型の人工土）の道をつくらなかったのだろうかと、建築家たちのプランの貧しさを笑う気さえ起きてくる。

まだ、ジョギングやウォーキングを、猫も杓子《しやくし》もはやらなかった頃、財界では三人の猛将が日課としていた。

いまから三十年前、一九七〇年代の話である。私が始めたのは一九八二年だから、大先輩たちの話である。

ジョギングでは積水化学工業の社長だった柴田健三《しばたけんぞう》氏。夜十一時すぎ、自宅のまわりを三キロ走り回る。所要時間二十分というからかなり速い。それから午前零時三十分まで読書。一日も欠かすことがない。曰く「週二回のゴルフなんて問題にならないね」。そのとおり、ゴルファーは一分間八十メートル以下のスピードで歩き、ときどき停止してしまうから、運動の効果はジョギングのほうが大きい。

柴田氏のジョギングは、健康のためもあるだろうが、「走りながら考える」という、氏の哲学の産物ではないかと思う。技術の進歩の系の中で、〝次の化学工業〟を考えた場合、素材の複合による付加価値の増大というトレンドとファイン・ケミカルの分野での企業化と、二つの流れがある。柴田氏は、この二頭立ての馬車のリーダーだった。そしてまた、明暗流《みようあん》の尺八《しやくはち》を極めて「古典研究会」の主宰者でもある。頭も身体も停止しないのが身上だった。

ウォーキングでは、大丸百貨店の社長井狩弥治郎《いかりやじろう》氏と旭化成工業社長の宮崎輝《みやざきかがやき》氏。井狩氏のウォーキングは一分間に百メートルの速度で三キロ、毎朝歩いている。私は二日に六キロだから運動量は同じである。しかし、隔日より毎日の方が、自《みず》らに課した力は大きいだろう。

近江《おうみ》の銀行家の次男に生まれ、最初は「慶応で金融を勉強してこい」と言われたが、卒業近く「大丸で商売を身につけよ」に変わった。「吾《われ》以外、万物皆師《みな》」をモットーに、職先・仕入先・顧客に教わりながら、つねに新手を考え、商売を体系化した。石田梅巌《いしだばいがん》の「商人は世情人心を益《えき》するもの」に対して「百貨店はいまのままでいいのか」と自ら宿題を出し、「生活産業という姿と内容を整えるべきだ」と、解答を出した。もうひとつ、エピソードがある。枕元にトルストイの『人生論』と矢内原忠雄《やないはらただお》〔経済学者、東大総長〕の「新渡戸稲造《にとべいなぞう》読本」をおいた。「人生、なんのために生きるのか」について答えを求めたためである。あるとき三男が「どうなった、解答は」と尋ねると、「ウン、おれはモーツァルトで答えがわかった」と井狩氏は言った。根気の人である。こういう人が、毎日三キロのウォーキングを続けたことは不思議ではない。

旭化成工業の宮崎輝氏のウォーキングは変わっている。会社の帰途、クルマの中でスニーカーに履きかえ、ある地点で降りて自宅まで歩くのである。一日二時間半。二十五年間歩き続けた。名前の「輝」は「かがやき」と読み、ローマ字で書いたものをパキスタンのウルズー語で読むと、「賢者」の意味になるからと、漢学者の父親がつけたそうだ。果たせるかな、若くして賢者の片鱗《へんりん》を見せ、総務課長になった三十二歳の時、役員会で出席者の意見をまとめ、「副社長の実力がある」と長老を嘆息《たんそく》せしめたという。この知的エネルギーが、「歩いて帰ると、キミ、社会がいまどうなっているか、よくわかるんだ」と、私に大きな声で語った。むべなるかな。

「継続」という時間の力

日本に長く住んでいる外国人たちに「日本語でいちばん美しい言葉は何ですか」と尋ねたところ、圧倒的に多かったのは「花吹雪」という言葉であった。とたしか古垣鉄郎《ふるかきてつろう》氏〔ジャーナリスト、外交官〕の文章にあったように思う。日本人に「あなたが好きな言葉は何ですか」とアンケートを取ったら、さまざまな言葉が並ぶだろうが、「継続は力なり」がベストテンの第何位かに顔を出すのではないか、と私はひそかに思っている。

埼玉県の行田《ぎょうだ》市にある市立東《ひがし》小学校の校庭に、開校百年の記念碑が建っているが、その碑文が「継続は力なり」である。聞けば、百年祭の推進実行委員会が東尋常（高等）小学校の卒業生をふくむ市民全員に「碑文として希望する言葉」を募集したところ、一千通を超す回答があったが、その中で群を抜いて多かったのが「継続は力なり」であった。よって委員会は、一も二もなく、この言葉を碑文に選んだという。

なぜ、行田市の人々はこの言葉を選んだか、いや、多くの人々が知っていたか、それにはわけがある。

須郷園子《すごうそのこ》という女教師がいた。明治四十四年十一月に埼玉県の忍町《おし》に生まれ、昭和五年三月、埼玉県女子師範学校を卒業し、同四十三年四月に太田東小学校の校長になった。名前の園子の園を「おん」（西園寺公望《さいおんじきんもち》の読み方）と読む人があって、須郷先生は長い間「おんちゃん先生」と呼ばれ、人気があった。

ざっくばらんで情熱家という性格が市民に親しまれ、いまでも行田市内には「おんちゃん」の名を聞くと涙ぐむ人が多い。この先生、校長になると、卒業式にのぞんで、生徒一人一人に色紙を書いて渡すことを始めた。その動機は、おんちゃん先生が四十三年前に女子師範を卒業するとき、最も尊敬する教頭先生から「堅忍《けんにん》なれ、優しくあれ」という色紙をもらったことにある。

「おんちゃん先生」の色紙書きは、彼女が校長である間、毎年、続けられた。いよいよ退職する年の昭和四十七年三月、男の生徒には「継続は力なり」、女の生徒には「親切は宝なり」と書いた。「おんちゃん先生」がこの言葉をえらんだのは、その年の卒業生たちがネパールの結核追放BCG資金として古切手の収集を根気よく続け、関係団体から感謝されたという事柄を忘れさせないためである。

色紙をもらった小学生たちは、その後、成長して大人になり、「碑銘」の募集に応じて、「おんちゃん先生」からもらった言葉で応えたのである。

私はこの一事《いちじ》を知って感動した。教育が荒廃しているといわれるいま、師弟の原点を伝えようと、「おんちゃん先生」を女主人公にして一冊の本を書きおろした（『継続は力なり――人生を本音で生きた女校長の記録』）。そのとき、いったい、誰が「継続は力なり」という言葉を言い出したのか、調べることにした。これは難事業で、三百枚の書きおろしが終わるまで、決定打は見つからなかった。ただ、私の調査の中で、最も古く言い出したのは、大分市内に夜間中学を創設した平松折次《ひらまつおりじ》氏（元・大分県知事平松守彦《もりひこ》氏の実父）であることがわかった。夜間中学の校則の第一条に「継続ハ力」という文字がちゃんと残っている。このほかにも中村天風《なかむらてんぷう》氏（実業家、思想家）がその講演の中で「継続は英語でサクシーディンク、これは〝継続して胚胎《はいたい》する〟という意味ですよ」と説いている。

べつに「継続は力」という言葉を押し売りする気はないが、日頃、見たり聞いたりする物事の中に、この言葉を憶《おも》い出させる機会が多いように思われるのである。

私の友人に末永勝介《すえながかつすけ》という男がいる。大宅壮一氏の門下生で私より一年早い兄弟子である。いまは大宅壮一文庫専務理事を立派につとめる傍《かたわ》ら、ジャーナリズム専門学校で教鞭《きょうべん》をとっている。文筆活動の方も、雀百まで踊り忘れずで、最近は鹿児島県の生んだ大型実業家、岩崎《いわさき》與《よ》八郎《はちろう》氏の伝記を書き上げたが、人間味溢《あふ》れる逸品になった。私もいくつかの人物論を書いてきたが、末永の書く伝記の秘密は、書かれる側が書く人間を余程《よほど》信用しないと露呈しないエピソードを幾つか決め手としており、この点でとてもかなわないとシャッポを脱いだ。

さて、この男の健康法が「継続は力なり」を地《じ》で行ったようなものである。七十五歳というのに好物のハイライトをふかし、酒も飲み、べつに運動らしい運動もしていない。それでいて風邪をひいて寝込むわけでもないし、糖尿病で苦しむでもない。一体、なにをやっているのだと尋ねると、生ニンニクの醬油《しょうゆ》漬けを、毎朝、二、三粒かじるのだという。奥さんが作ってくれるそうだが、生ニンニクを解体して粒《つぶ》をとり、広口の瓶に満たした醬油に漬け込む。狐《きつね》色になった頃合いを見計らって食べるのだが、これだとニンニクが口臭にならないのだという。

彼は、もともと、体質がよかったともいえない。青年の頃、肺結核を患い、鹿児島でサナトリュウムに入っている。戦後、早稲田大学に入るために上京、卒業後は「主婦之友社」に入ったのを契機に編集者となって糊口《ここう》を凌《しの》いできた。そのまま、病気らしい病気もせずに、今日に至っているのである。

もちろん、ニンニクが誰にでも効くということはないだろう。だいいち、ニンニクを受け付けない人もいる。イタリア料理といえば、ニンニクが欠かせないほどだが、私のイタリアの友人フランコ・マルケーシ（エコノミスト）は、子どもの時からニンニクが食べられない。

いよいよもって、健康法というのは人それぞれであるべきだが、その健康法が効力を発揮するのは「継続」という時間の力が大きく寄与するのではないか、と思えてくる。

私は、川田薫《かわだかおる》理博〔ミネラル研究者〕の創造したミネラルを水に溶かして飲むこと、日本道観で修得した導引《どういん》術と調息法を試みること、それに古藤高良《ことうたかよし》氏〔筑波大名誉教授、医学博士〕から指導を受けた速歩術を実行すること、この三種類を実行している。「継続」ということからいえば速歩術で、ほぼ十六年になる。毎月百キロを歩くことにしているので、今日まで二万キロ歩いたことになる。

速歩術には、じつに簡単なルールがある。それなのに、このルールどおりに歩いている人はあまりいない。

第一。速度は、一分間八十メートル以上であること。一歩の歩幅を約七十五センチとすると、一分間に百十三歩である。このスピードは、行進曲で歩くときのスピードだから、最初はウォークマンに『軍艦マーチ』とか『軍隊行進曲』を入れて、そのリズムに合わせて歩けばよいのである。べつに難しくもなんともない。ところが、人間には不精《ぶしょう》な人がいて、「歩けばいいんでしょう」と、気ままにブラブラ歩いて、ウォーキングをしているつもりになっている。この逆に、一分間九十五メートルで歩いてきた、昨日は百メートルだという人がいるが愚《ぐ》の骨頂で、腰や足の骨を疲労させる原因になる。

第二。一分間八十メートル以上の速度で四十分間。できれば無停止。これが原則である。十分歩いてひと休み、また十分歩いてひと休み、これでは総計が四十分になってもほとんど効果がない。一分間八十メートルの速度で四十分間歩き続けること、これがウォーキングの第一原則である。

第三。背筋を伸ばし、必ず踵《かかと》から着地すること。前かがみになって爪先《つまさき》から着地すると、必ず、足や腰の骨を痛める。

第四。呼吸は自然であること。ウォーキングとジョギングとの決定的な違いは、スピードではない。二つ、重要な相違点がある。一つはジョギングはどんなにゆっくり走っても、瞬間的に両足が地面から離れ、着地した足に全体重がかかる。ウォーキングは、どちらかの足が必ず地面についているから体重のかかり方が違う。もう一つは、ジョギングは有酸素運動とはいえ、疲労物質である乳酸《にゅうさん》がたくさん生じやすいので疲れやすい。ウォーキングはその点、有酸素運動でも疲労の心配がない。つまり、ウォーキングはふつうの呼吸であることを前提とする。それにしても、一分間八十メートル以上の速度で歩けば、少しは呼吸が荒くなる。どの程度荒くなるか、これについてうまいことを言った人がいる。「嫁の悪口を言えない程度」、だそうだ。

要するにウォーキングは「八十メートル以上の速度で歩く」「四十分間持続する」「背筋を伸ばし踵から着地する」、この三つの原則を守ればよいのである。

効果はどうか。人それぞれであろうが、誰にでもあらわれる現象は、第一に頭がスッキリし、身体の中を涼《すず》しい風が吹きぬける感じを味わう。なんのことはない、血流がよくなるからあたりまえの話で、大脳《だいのう》に酸素が運ばれれば目が覚めるものである。

副交感《ふくこうかん》神経が活性化されるので感情がコントロールされ、ハラハラ、ドキドキ、が少なくなる。カッとなる機会も減って、「おだやかなジイさん」と呼ばれるようになる。

背筋ができ、余計な脂肪《しぼう》が燃焼してヒップが上がる。全体にすらっとした体型になる。

申しおくれたが、ウォーキングはできれば一日おきにした方が身体にはよいようだ。なぜなら、歩けば疲労のあとに乳酸が生産された場合に、これが解消されるために一日待つのである。私の場合、十六年間、一日おきだった。そのため、一日に六キロ半歩いた。だから続けることができた。といまでも思っている。

長寿伝説が伝えるもの

健康雑誌が読み切れないほど出版されている一方で国民の医療費が毎年右肩上がりにふえている。誰にでもわかる矛盾《むじゅん》した現象である。医療費のあり方にも問題があるのだろうが、健康雑誌の読者にもおかしなところがあるのではなかろうか。

毎月毎号、「これは効きそうだ」ということが書いてある。試《ため》してみて成功した人の〝よろこびの声〟も載《の》っている。読む人も多いだろうが、ほとんどの人が「ホウ、そんなものかね」と頭で理解して実行に移さない人も多いのではないか。

私の友人は会社の定期検査で血糖値が一六八と宣告された。「いまの生活態度をあらためなければ半年で目がつぶれるよ」に始まって、身体がかゆくなるだろうなど、いろいろな症状を問いかけられた。思いあたるフシも多かったので、悄然《しょうぜん》として家路についた。今夜かぎり酒をやめようと、ゆきつけの小料理屋で「過去と別れるんだ」と、ちょっと自暴《やけ》気味に盃《さかずき》を口に運んでいると、「なによ、糖尿くらい、だまされたと思って、これを毎日食べなさいよ」と男勝りの女将がタマネギを半分に切り、スライスしたものにカツオブシとショウユをかけて差し出した。なかなか乙《おつ》な味がして、口にも合うので、せっせと食べ続けた。六週間後、検査に行ったところ血糖値は一〇二に下がっていた。「一体、なにをしたんですか」と驚く医者に理由を話すと、「ま、いいと思うことはやってみることですね」と言われた。もうその時は「やってみる」どころか、タマネギ・スライスを食べることが習慣になっていたのでせっせと食べ続けると、それからまた六週間後には血糖値は正常値を示していた。

この友人と私とに共通の友人があって、彼もまた糖尿を病《や》んでいると聞いていたので、早速、タマネギの切り方から伝授した。二か月後、またその友人と私たち二人は会ったので、「どうだい、タマネギ、やってるかい?」と聞くと、彼は「いや、続けることは続けたのだが、血糖値に全く変化はないんだ」と悲しそうな声を出した。

どんな療法でも、一人に効いたからといって、別の人にも必ず効くということにはならない。それだから病気を持っている人は「私にも効くかしら」と疑心暗鬼《ぎしんあんき》になってしまい、実行に移さないのだろう。いや、「病《やまい》は気から」ということもあって、疑心暗鬼になると、効くものも効かないそうである。

つまり、逆にいえば、「効く」と思って療法に従い、日常的に続ける人が回復の途《と》につけるのだろう。

そんなことを考えているうち、日本では、お寺の和尚さんが大体において元気なことに気がついた。ちょっと資料をあたってみても、徳川家康《とくがわいえやす》の懐刀《ふところがたな》といわれた南光坊天海《なんこうぼうてんかい》が百八歳、江戸中期の白隠禅師が八十三歳、後期の仙厓《せんがい》禅師が八十七歳である。白隠禅師がノイローゼを癒すために訪ねた白幽子《はくゆうし》は二百四十歳である。

『荘子』に出てくる広成子《こうせいし》という仙人は千二百歳だし、私は導引術を修得中に「道経《どうけい》」では百六十二歳が寿命であると聞かされた。ホントですかと反問すると、百六十二の半分は八十一だろう、半という字は八と十と一でできているじゃないか、だから昔の中国では八十一歳を半寿として祝ったのだ、と教えられた。

もっとも、医学の立場から「人間の最大寿命は百二十歳まで」という本が出ている。東大の加藤邦彦《かとうくにひこ》理博の『老化探求――ヒトは120歳まで生きられる』（読売新聞社刊）という著書で、早速、隅《すみ》から隅まで読んで加藤氏と対談したら、なんと日本の医学界には老化研究のスペシャリストが育っておらず、従って医大生に老化の基本概念を正しく教える講義もなければ信頼できる教科書もない、とわかってびっくり仰天した。

ところで、なぜ人間は百二十歳まで生きられるのか、その科学的根拠は性的成熟度の速度と対面積比（体重の）による必然的計算によるそうだ。この計算によると、ネズミは三年半、猫は三十三年、人間は百二十年となるという。そこで、もし、人間が過食をしないこと、ストレスにかからぬこと、活性酸素《かっせい》をとりすぎないこと、以上の点に注意すれば百二十歳まで生きられるのだ。いま、さかんに「宇宙旅行」が勧誘されているが、一千二百万円も費《つか》って、わけのわからぬ星の棲《す》み家《か》を訪問するより、百二十歳へ挑戦した方がおもしろそうではないか。それというのも、私が加藤理博のお話を伺ったのは数年前のことで、いまでは長寿科学（ジェロントロジー）という学問の分野ができて、「老化」やその対策の研究が始まったからである。

そこで、お寺の和尚さんたちの長寿の原因にあたってみたのだが、江戸時代の高僧におもしろい話があることがわかった。

まず、南光坊天海である。この人は天文《てんぶん》五年（一五三六年）から寛永《かんえい》二十年（一六四三年）十月十二日まで、つまり百八歳まで生きたが、人生の過ごし方を次のように説いている。

気《き》は長く、勤めは固《かた》く、色うすく、食細《ほそ》うして、心広かれ。

とくに徳川家康には「時々、ご下風《かふう》のこと」とすすめている。ご下風とは「おなら」のことである。

「食細うして」は過食をするな、「心広かれ」はくよくよしなさるな、つまりストレスにかかるな、であろう。加藤理博の説くところと同じである。さて、「気は長く」であるが、ゆったりした気分で短気を起こすな、と解釈するのが無難だが、私は天海和尚の境涯から考えて、「気」は「息《いき》」の気ではないかと、この養生訓《ようじようくん》を読んだときすぐ思った。あとで紹介する白隠禅師の場合も、呼吸の仕方（調息法）が長寿の要諦《ようてい》とされている。ただ、長いばかりではなく、というより、息を長くするためには腹式《ふくしき》呼吸ができないとどうしようもない。

さて、江戸中期の傑僧は白隠禅師である。この白隠を鍛《きた》え上げたのは信州《しんしゆう》（長野県）飯《いい》山《やま》の正受老人《しようじゆ》であるが、この正受老人の師匠が至道無難《しどうぶなん》という傑僧である。この人の「般若思想《はんにや》」の解釈がすごい。「般若とは何もなき所より出《い》づる知恵をいう」「波羅密多《はらみつた》はまか（摩訶《まか》＝大なり、身なきをいう）より出づる知恵はいづくにもとどまらぬなり」「心経《しんぎよう》は身の悪《あく》消えつくすをいう」というのである。禅の核の真ん中に座って語っているようだ。

この法灯《ほうとう》〔教え〕の下に白隠は育っている。私が目から鱗《うろこ》が落ちる思いがしたのは、白隠の「心」の解釈である。心なんてあるものか、誰かが間違えてつけたのだ、とズバッと斬り捨てた。「歴劫《りやくごう》名なし。錯《あやま》って、名字《みようじ》を安着《あんちやく》す」と笑いとばしている。では、人間を支えているものは「心」ではなくて何か。白隠は「本来の面目《めんもく》」であるという。われわれが日常語に使っている「面目ない」「面目が立たない」「男子の面目」は、もう一度、考え直してみると、フランス語の存在理由《レーゾン・デ・トル》と同じような重さが感じられる。とにかく、江戸の中期で、日本人の好きな「心」という言葉を真っ向から微塵《みじん》に打ち砕《くだ》いたのだから傑僧といわざるをえない。そういう人だから、彼には『毒語《どくご》心経』というユニークな一書があり、「色即是空《しきそくぜくう》」などというタワゴトは使い道のない古道具みたいなもので、この俺様にそんなことを説くのは猿に木登りを教えるようなものだ、と論断している。

なんという凄《すご》いことを言う人かと舌を巻いていたが、白隠もまた人の子、彼の著書『夜《や》船閑話《せんかんな》』を読むと、不思議な経験をしている。

座禅に打ち込みすぎて強度のノイローゼに罹《かか》り、京都の北白川《きたしらかわ》に住む仙人を訪ねる。仙人とは内観《ないかん》の秘法〔養心養生法《ようしんようじょう》〕に達した人のことで、白隠が訪ねたのは京都・白川の奥に住む白幽子だった。この白幽子が二百四十歳で、山奥の岩窟《がんくつ》の中に柔《やわ》らかい草を敷《し》き、その上に座って瞑想《めいそう》している。その姿は「蒼髪《そうはつ》垂れて膝に到《いた》り、朱顔麗《うるわ》しくして棗《なつめ》の如《ごと》し」で、主食は木の実だけで、生活道具は全くなく、机上に『中庸《ちゅうよう》』『老子』『金剛般若経』が置いてあるだけだった。

白幽子は天文・医学・道術に通じている。白隠の悩みを聞くと「真人《しんじん》〔仙人〕の呼吸は踵《くびす》でするものじゃ」と言い、臍下丹田《せいかたんでん》〔へその下にあり、東洋医学では気《き》が集まるとされる〕と足の土踏まずに精神を集中せよ、と教えたが、『夜船閑話』にはさらに「身体の上部は常に清潔にし、下部は常に温暖にせよ」と言われ、基本は呼吸法だったと具体的な展開がある。呼吸法は「一より数えて十に到《いた》り、十より数えて百に到る」という数息観《すそくかん》〔坐禅《ざぜん》を組んで自分の息を数える修行法〕で、白隠は南無妙法蓮華経を唱える際に、できることなら出る息、入る息が題目になるように間断《かんだん》なく唱えてごらん、とすすめている。

白幽子は実在したか。誰しも心の中に疑問が残ると思う。昔の人の健康法を尋ねながら、この疑問にゆきあたるところが、なんとも愉快ではないか、と私は思う。もちろん、私は白幽子は実在していたに違いない、と信じている。民俗学の泰斗《たいと》・柳田国男《やなぎたくにお》氏に『山の人生』という素晴らしい著書がある。

「山の人は健康だった。なぜなら、山は自然の宝庫で食べられるものが沢山あった。それに、人を孤独にしない精気《せいき》があった」そのように柳田氏は書いている。この「山の人」を米を常食とする平野部の人は異端視していた。「海の人」もまた異端の対象だった。

つまり、私たちが問題にしている健康法は、平野部の米作地帯のものなのだ。「米」という生産性も貯蔵性も植物蛋白質《たんぱくしつ》も高い主食をベースにした健康法であり長寿論なのである。

江戸後期のピカ一、仙厓和尚の「老人論」は、江戸という「世界最大の都市」を背景にして受け取ると、意味が深くなる。


手は揺れる。足はよろめく。歯は抜ける。耳は聞《きこ》えず、目はうとくなる。

身に添《そ》うは、頭巾《ずきん》、衿巻《えりまき》、杖《つえ》、眼鏡、たんぽ、温石《おんじやく》、しびん、孫の手。

聞きたがる。死にとうながる。淋《さび》しがる。心は曲がる。欲深くなる。くどくなる。気短かになる。愚痴《ぐち》になる。出しゃばりたがる。世話焼きたがる。

またしても同じ話に子を誉《ほ》める。達者自慢に人はいやがる。

玄米食か、「朝からステーキ」か

「子どもより親が大事と思いたい」は太宰治《だざいおさむ》の名文句だが、いま、年寄りの間では「テレビよりラジオがおもしろいと思いたい」である。

ラジオ番組といっても、特に深夜放送がいい。それもＮＨＫの「ラジオ深夜便」が人気がある。アナウンサーや出演者がリスナー（聞き手）と青春時代を共有しているからでもあろう。

アナウンサーの鼻濁音《びだくおん》がいい。「私が」の「が」が「ンが」になる。「ン」が先頭に立つと言葉に情感が籠《こも》って色っぽい響きになる。近江俊郎《おうみとしろう》さんが『湯の町エレジー』をレコードに吹き込むとき、出だしの〽伊豆の山々の「い」が歌いにくかった。思い余って作曲者の古賀政男《こがまさお》氏に相談すると、「歌い出すまえにンを入れてごらんなさい」と示唆《しさ》された。「ン、伊豆の山々」できれいに歌に入れたと、近江さんが静かに話していたのが印象的だった。

話の魅力には三つあって、「うん、そうそう」と共感する要素、「おや、そうですか」と啓蒙《けいもう》される要素、最後は「なるほどネ」と、話す相手に同調する要素だと、天気予報の第一人者倉嶋《くらしま》厚《あつし》さんが話していたことがある。

「ラジオ深夜便」には、この三要素をそなえた話が多く、しかも美しく落ち着いた鼻濁音が聞けるので、人気が高いのである。いつの時代でも「良いものは良い」のであろう。

その「深夜便」の番組の中で、びっくりしながら耳を傾《かたむ》けて聴いたのが昇幹夫《のぼりみきお》さんというお医者さんの「笑いは心の絆《きずな》」という話である。対談相手は大阪放送局の三浦行義《みうらゆきよし》アナウンサーで、昇さんの絶妙の話術に悪のりせず、過不足のない質問に終始して好感が持てた。

あんまり面白く、しかも内容が豊富なので、聴き終わってから「しまった、録音しておけばよかった」と後悔したが、なんと半年後、再放送された。二度同じ話を聴いたので、大体のところは覚えたが、春に再放送された内容が初夏には雑誌『ラジオ深夜便』にそっくりそのまま活字となってあらわれた。この話の中に、誰の身体の中にも突然変異によって一日に五千個、一生の間には約一億個のガン細胞が出るといわれている（細胞全体の数は約六十兆である）が、これを絶えずこわしてゆくシステムがあり、これを免疫力《めんえきりょく》ともいう。中でも特にナチュラル・キラー細胞と呼ばれるものが大笑いすることによってふえる、いや、ガンばかりではなく、リューマチも心筋梗塞《しんきんこうそく》も軽症になってしまうというところが、大方の反響を呼んだ。

この箇所には、聴くたびに読むたびにショックを受けたが、健康問題、特に「老人と健康」を書こうと準備していた私は、もう一つの話に、こっちの方が出発点かもしれないなと考え込んだ。

それは「食」の話である。昇さんは「食という字は、人を良く、と書いてありますね」と、うまいことをおっしゃる。なるほどそのとおりだが、じつは明治のはじめに、東京帝国大学の医学部にドイツからベルツという有名な博士が赴任してきて、「玄米」の効用に驚嘆したという話がある。

日光《にっこう》の評判がよいので出かける気になったベルツ博士が、出かけるまえに調べてみると、距離は百十キロで、日光街道を六頭の馬でとっかえひっかえしてゆき二日かかる、こりゃ大変だということになった。そこで、屈強な若者の人力車夫二人を雇い、これに乗って行ったところ、なんと十四時間半で走ってしまった。びっくりして、一体、何を食べているんだと聞いたら、若者は次の食物をあげた。

玄米。あわ。ひえ。ゆりの根。根菜類《こんさい》。
二人を東大に連れて帰って実験する。八十キロのおっさんを人力車に乗せ、四十キロの道のりを毎日走らせる。三週間たって、二人の体調を調べてみると、二人とも体重は全く変わらない。こんどは別の実験をした。ドイツ人と同じ食事にして、二人に肉を食べさせ、前と同じように八十キロのおっさんを人力車に乗せ四十キロを走らせる。二人とも三日でダウンしてしまい、もう堪《たま》りません、元の食事に戻して下さい、と懇願した。

この話を聞きながら、私はCS（通信衛星）のスカイパーフェクTV!で視聴した「歌舞伎役者芝翫《しかん》〔七代目中村《なかむら》芝翫〕の芸談」の一節をあざやかに思い出した。

若い時分、六代目菊五郎さんに踊りの稽古をつけてもらった。叱《しか》られ、なおされ、繰り返されて、稽古着の浴衣が汗でぴったり身体に貼りついてしまう。汗だくの芝翫に、菊五郎夫人の千代《ちよ》さんがレモン汁を絞《しぼ》った水をくれた。一口飲んで「酸《す》っぱい」と感じる間は、稽古は続けられた。またもや汗、汗、汗。またレモン汁の水が渡される。こんどは飲んでも酸っぱさを感じない。その時点で「ハイ、きょうはそれまで」と、菊五郎さんが言う。「まだ、できます」と申し出ると、「それ以上やったら、明日《あした》、身体が動かねえよ」、と取りあってくれなかった、という。

ものすごい話だと思った。人間の身体の中には、じつに精妙なセンサーが仕掛けられていて、身体に余力がなくなると、レモンの酸っぱさがわからなくなるものらしい。

年若い二人の車夫の話と芝翫さんの話と、この二つの話を貫《つらぬ》くものは、私たちに「身体」という装置が正解を出してくれている、そういうことではないか。

いま、世界は日本の伝統食に注目しはじめたそうだが、日本人自身が「旬《しゅん》のものを食べると七十五日長生きする」という話も忘れかけているし、同じイチゴでも五月のイチゴとクリスマスのときのイチゴでは、ガンに対する成分、食物繊維の量が全く違うという話も、食物の栽培法に関心のある人の間にしか知られていない。

しかし、環境問題や資源問題がやかましくなって、「バイオ・リージョナル」なんて横文字の言葉がしたり顔でマスコミにあらわれたが、なんのことはない、昔から「土産土法《どさんどほう》」という習慣が日本にはあった。その土地で穫《と》れたものをその土地の料理法で食べる、という意味である。ある大手スーパーが、京都の小さな町に新しい店をオープンしたとき、下鴨《しもがも》の長茄子《ながなす》、若狭湾《わかさわん》のカレイなど、その土地ならではの食材を並べたところ、毎日これらの品物から売れていったという記録がある。

だから、年をとってから身体にいい食べ物はアレだ、コレだといわず、玄米食を中心に根菜類をおかずにすればよいではないか、ということになる。事実、そのような食材構成も選択肢ひとつひとつについて適切な情報がついているから、「玄米食」を食べることも結構、「朝からステーキ」を食べることも結構、ということになる。

建築界の大御所、藤島亥治郎《ふじしまがいじろう》氏がこの「朝からステーキ」族である。私が続けさせて頂いたテレビの対談番組にご出演をお願いしたが、収録地の盛岡《もりおか》のホテルで朝食をご一緒したところ、「僕はモーニング・ステーキ」と、二百グラムほどのものを注文され、楽しそうに召《め》し上がられたのには驚嘆した。たしか九十歳近いお年であったと記憶している。その直前、NHKの教養番組で高橋富雄《たかはしとみお》氏〔日本史学者、東北大名誉教授〕、梅原猛《うめはらたけし》氏〔哲学者、国際日本文化研究センター名誉教授〕とともに出演され、中尊寺《ちゅうそんじ》や毛越寺《もうつうじ》の存在について見事な史観を展開されている。話がその座談会におよぶと、「僕は日本のどこも好きだが、東北に特に興味があってね」と、ボストンバッグから画帖を取り出され、美しい町並みのスケッチを見せてくれた。伺えば、前日から盛岡に入って、気に入った風景があると、片《かた》っ端《ぱし》からスケッチしたのだという。

藤島氏のこのような面に接すると、「朝からビーフステーキ」は、この人にとっての〝正解〟であろうと思ってしまう。

そういえば「朝食は金、昼食は銀、晩食は銅」という表現があった。朝食に動物蛋白質も植物蛋白質もしっかりとり、昼はその三分の二か半分くらい、夜はごく軽くオートミールに鰯《いわし》のソテーくらい、というのである。これを実行している人もいる。

実際に「朝からステーキなんて無理」ということはない。誰でも朝食を軽くしたい、と思うのは、胃が眠っているうちに食卓につくからである。胃は身体の臓器の中でも〝寝呆《ねぼ》助《すけ》〟らしく、頭が覚めてから三十分もおくれてやっと目を覚ますのだという。

したがって「玄米食」か「朝からステーキ」かをくらべて論ずる以前に、どちらの方法をとるにせよ、その人の生きる姿勢がどうなのか、それを知ることが大切なのではないか。

ただ、大方の人は、自分自身の生きる姿勢をきめる以前に、その人が採用せざるをえない生き方に巻き込まれているといえよう。「食べること」自身がストレス解消につながっている場合もある。

田中角栄《たなかかくえい》氏が総理になってからの生活の一コマを側近の早坂茂三《はやさかしげぞう》氏が書いているのを読んだ。宴会も午後九時には切り上げて帰宅し、茶の間に座るとすぐ夫人の作ったチャーハンを一人前平らげ、午後十時に就寝。午前二時に起きて六時まで、官邸から届けられた各省の案件や外務省の公文書のすべてに目を通すのが日課だったが、わずか四時間という睡眠時間を補《おぎな》うのは移動中のクルマの中の居眠りだったという。このサイクルの中に「健康論」は、ほとんど入る余地はないだろう。

第五章

年をとってからの死生観

まり子と鬼城《きじょう》の間

中国の宋の時代には思想家や政治家がたくさん出たが、その中の一人、朱新仲《しゅしんちゅう》という人が「人生五計《ごけい》説」を唱えている。私がこの哲学者の名を知ったのは、安岡正篤《やすおかまさひろ》氏〔陽明学者、思想家〕の著述からだが、一読して、その過不足のない人生談義にわれを忘れた。

朱新仲は、人生を「生計」「身計」「家計」「老計」「死計」の五計にわけている。「生計」は、自分の生きがいの発見、そのための計画である。「身計」は、健康づくりである。睡眠・食事・心の安定であるが、もっと積極的にいえば「自分はせいぜい介護度2くらいの老人で死を迎えよう」という計画である。「家計」は、他人に迷惑をかけずに世《よ》を過ごすほどの経済力を身につけることである。「老計」は、老醜を見せぬように心掛けて、周囲からそこはかとなき信頼を寄せられるような存在、そのための心掛けである。最後の「死計」、これがいちばん難問題だろう。どのような「死」を迎えるか、それこそ百人百様の考えがあるに違いないが、最大公約数をとれば、「皆さん、どうもありがとうございました」と礼を言って、やわらかい微笑《ほほえ》みを残したまま死にたい、そんなところではないだろうか。

では、おまえは「死計」はできたのかと問われれば、恥ずかしながらまだでありますす、と答えるほかはない。だから、この本の「まえがき」に紹介したように、送り三重のチチチン、チチチン、チチチンという三味線の音の中を、花道を立ち去ってゆく大石内蔵助や熊谷直実の姿がうらやましくてならないのである。あの姿を見るたびに、私は、ほんとうに背筋が寒くなる。人生の締《し》め括《くく》りのテーマはきちんときまって、もはや微動だにしない。その明々白々たるテーマに向かって、死に裏打ちされた生をふだんの足取りで運んでゆく、あの動きは、感動さえも封殺する静かな力がある。とすれば、わが「死計」は送り三重の音色にふさわしい、死への静かな歩み、でいいはずだが、毎日の仕事というものは人間の「死生観」には益体《やくたい》もないもので、目先の時間や他者の要求に合わせていると、生きることと死ぬことを忘れてしまうのである。ああ、これでは嫌味《いやみ》な年寄りになるな、と思うのだが、これればかりは私の人生の質量の限界でどうしようもないらしい。

それで、せめて本でも読もうと、他人様《ひとさま》の書かれたものを読みもし、ざっくばらんに「老《おい》と死」を語る人の話も聞いてみたのだが、日本人の「死生観」は、俳句で表現すると、古賀《こが》まり子さん〔俳人〕の句と村上鬼城《むらかみきじょう》氏〔俳人〕の句を両端に置いて、その間に、いろいろな人の思いが詰まっているのではないかと思えてきた。

働きて忽《こつ》と死にたや銭葵《ぜにあおい》

古賀まり子さんの句である。「忽と死にたや」、これはおそらく多くの人の願いではなかろうか。私の祖母がそうだった。昭和十九年、七十八歳の秋、庭におりて家庭菜園から茗《みょう》荷《が》を摘んだ。出身地が上州《じょうしゅう》（群馬県）で、古くから土地の人が親しんでいる食べものに「お切り込み」というのがある。やや太めにうどんを打ち、味噌か醤油で焚《た》くのだが、その中に葱《ねぎ》、里芋《さといも》、茗荷などを入れる。一般には〝具《ぐ》〟といわれるものだが、土地の人は〝こ〟と呼んでいる。祖母は、薄紫色の衣をまとった〝こ〟の重なり合う手籠《てかご》を縁側におき、廊下《ろうか》を伝ってすぐ左手の自分の居室に入った。大きめの座蒲団に座り、やおら一服する。右手に曹洞《そうとう》宗《しゅう》総本山の総持寺《そうじじ》が仏道修行の証《あかし》として授けた位牌がおいてある。生前すでに「尼上座《にじょうざ》」の位を受けている。孫娘の芳子《よしこ》が、廊下を隔《へだ》てた部屋でミシンを踏んでいたが、何気なく祖母の方に視線を向けた。祖母は座ったまま身体を二つに折っている。

畳の上に落ちているものの、あるいは小さな虫でも見ているのだろうか、と芳子は思った。少しの間をおいて、芳子はまた祖母の方を見た。同じ姿勢であるのを見て、あわててミシンの前から離れ、祖母に近づくと「どうしたの、おばあちゃま」と身体を起こし抱きかかえた。そのとき祖母は、わずかに微笑んで、そのままこと切れた。虚血性心不全《きょけつせい》であった。その微笑みが、まるで仏さまの笑みのようでした、と芳子は述懐している。

この話をすると、たいていの人は「大往生ですね」「おかしな言い方ですが、理想的な死に方ですね」と、ほとんど羨望《せんぼう》に近い表現になる。甘いものとビーフステーキの大好きなある女性は、それゆえにやや太り気味なのだが、この古賀さんの句に「私も、それにきめたわ」と叫んだものである。彼女の先輩から「あなたのその身体では〝忽《こつ》〟の手前で倒れて、それから先のリハビリが大変よ」と忠告されて、本気で肉断《だ》ち・砂糖断ちの生活を始めたというから人間は正直にできていると感心もした。

どんなに生《せい》を謳歌しても死は必ずやってくる。それはわかっているし、死にたくないというのではないが、できることなら苦しみながら死にたくない。正岡子規《まさおかしき》が病床日記『仰臥漫録《ぎょうがまんろく》』に「死ハ恐ロシクハナイノデアルガ苦ガ恐ロシイノダ」と書いているとおりである。それなら、せめて「苦しみ」を飛び越して死ねないか。「きれいなまま」死ねないか。

「死」にまで注文をつける。それが人間なのであろう。弱く、情けない存在なのである。

その人間の心の底から出た願いに答えられなかったのが宮沢賢治《みやざわけんじ》だった。

大正十年十一月二十七日、賢治の二歳年下の妹とし が、二十四歳で肺結核のため亡くなった。家族の中で、賢治の法華経信仰を理解してくれた、たった一人の妹だった。

死期を悟ったとし が母親に「おら、おかないふうしてらべえ（死ぬのが怖いような顔をしているでしょう?）」と尋ねると、母親は「うんにゃ、ずいぶん立派だじゃい」と答える。とし はさらに「それでもからだくさぇがべぇ」（でも、身体が臭いでしょう）と聞く。母親は「うんにゃ」と言って、お前はきょうとてもきれいだ、と言うのである。

この母娘の対話を、傍《かたわ》らに座ってじいっと聞いていた宮沢賢治は身じろぎもできない。じつは、とし は母親に語りかけながら自分を法華経信仰の道に入れた兄賢治に向かって、「死ぬのは怖くないか」「死んでゆく私の顔はおかしくならないか」と、信仰の証《あかし》を求めているのである。それなのに、賢治はひと言《こと》も答えられない。本を読んだり布教のために働いたりはしても、死んでゆく肉親の魂《たましい》にメッセージを送るような、宗教的試練を一度も経ていないからである。

なぜ、賢治は答えられなかったか。妹の死に直面した賢治の姿を伝えた分銅惇作《ふんどうじゅんさく》氏〔近代日本文学研究者、実践女子大名誉教授〕は、「妹の死という事実に逆照射されたように、おれはいま修羅界をさまよっている」という、しばらく忘れていた「修羅」の思いが賢治の心の中に込み上げてきたからだと語っているが、さすがに宮沢賢治研究の第一人者の捉え方で、これ以上の解説は不要であろう。

ちなみに、としの死後、賢治の詩作はぷっつりと途《と》絶《だ》える。七か月の沈黙のあと、彼は北へ向かって旅に出る。北海道から樺太《からふと》へ渡り、再び花巻《はなまき》〔賢治の故郷〕に帰ってきたとき、彼は「すべての生きもののほんとうの幸福をさがす」という菩薩道《ぼさつどう》を自覚するのだった。

さて、古賀まり子さんの句に代表される「忽と死にたや」の思いは、いってみれば「死」を迎える、受動的な姿勢といえるであろう。この対極点、つまり、死を取り込む、あるいは道元禅師の言葉にあるように「死を生きる」という姿勢にあるのが村上鬼城氏の一句である。

死に死にてここに涼《すず》しき男かな

鬼城氏は慶応《けいおう》元年東京に生まれたが幼い時群馬県に移住し、十八歳の時難聴となり、軍人・司法官になる志をすてて父の跡を継いだ形で高崎《たかさき》裁判所の代書人となる。正岡子規の俳論を読んで句作の道に入り、『ホトトギス』同人に迎えられ、また禅の世界にも参入する。昭和十三年、七十三歳で亡くなったが「残雪やごうごうと吹く松の風」「長き夜や生死の間にうつらうつら」など、禅味《ぜんみ》を感じさせる秀作が多い。私の好きな俳人の一人だが、特に「死に死にて」の一句は、「死生観」を折《お》りふし思うような私のいい加減さに、真正面から打ち込まれる思いがした。この一句は、良寛和尚《りょうかん》の「死ぬ時節には死ぬがよく候《そうろう》」と比較することができない。鬼城は「死」の上に座っているが、良寛は「生」の上に座っているからである。

しかし、普通に生きている人が、毎日を「死」の上で送ることなどできっこない。道元禅師の『正法眼蔵《しょうぼうげんぞう》』を、じっくりと時間をかけて読めば、人間は死に向かって毎日を生きているのだから、根本のところは「死を生きている」のだ、と理解できる。しかし、それは、頭の上の理解である。ほんとうに「死」が来たときに、ああ、やっぱり道元さんのいうようでしたな、と納得できるか。

古賀まり子さんと村上鬼城氏の二つの句の間に、人々はその人なりの「死」を置くことになりはしまいか。

深淵《しんえん》をのぞきてひるむ蛙《かえる》かな

京都大学の名教授だった人が、ガンで亡くなる前に書き遺《のこ》した一句である。誰でも「ひるむ」、そのひるみ心を和らげるのは何だろう。自分で「和《やわらぎ》」の能力がある人はいい。それがない人はどうするのか。

この問題をシステムで解決しようとするのが「ターミナル・ケア」である。ターミナル・ケアという装置空間の中で、人々はどのように「死」への心をつくるのであろうか。

スイス生まれの女医キューブラー・ロスが、瀕死《ひんし》の床《とこ》にある患者との対話を記録している。それによると、患者の関心の輪は縮まり、見舞客よりも孤独な時間を、言葉よりも沈黙や微笑、指一本にこめられたやさしいしぐさを望むようになる。自分からは何一つ求めず、ただ欲《ほっ》するものすべてが与えられることに感謝し、そして充足する状態はほとんど乳幼児にひとしい、という。

私はこの記録に感動した。人は「死」に臨んで、純粋な意味での「自立」を獲得するのだ、と私なりに理解できた。この理解を視点と呼びかえることもできる。キューブラー・ロスの記録を読んでから、全国紙に投稿し採用される高齢者たちの短歌・詩・俳句などを、詠者や作者の心の芯《しん》のところで味わえるようになったと思う。

潔《いさぎよ》き老いであれかしそれだけがこの期《ご》の願いの深夜病室（静岡県・杉山次郎氏）

おうおうと泣きいてたちまち眠りゆく吾《わ》が老身《おいのみ》のおかしくかなし（つくば市・中村トミさん）

吾が骨は戦友の沈みし海に撒《ま》け太平洋戦の小さきピリオド（浜北《はまきた》市・太田忠夫氏）

最後に一九九七年度蛇笏《だこつ》賞を受賞された飯島晴子《いいじまはるこ》さん（俳人）の句を置いておく。

諾《うべな》ふは寒《かん》の土葬の穴一つ

癒《いや》し・癒されるとき

「癒す」という言葉を、誰が、いつ頃から使い出したのだろう。「癒す」は英語でいうとHeal（ヒール）である。この語尾にthをつけると、Health（ヘルス）、「健康」になる。つまり、健《すこ》やかであることとの内容は「癒されている」ことなのである。もっとも、これまでの日本は「癒される」よりも「慰《なぐさ》められる」という言葉を使っていたのではないだろうか。私は、心理的には、大体、同じではないかと思う。言葉の穿《せん》さく、などはどうでもよくて、肝心なことは「気持ちが穏やかにととのえられる」、そういう状態になることだろう。環境の激変、運命の変転、常識の転覆《てんぷく》、そのような不慮の事態に対して、人々は自らが内包する「癒し」の能力を発動させるものらしい。

『一九九五年一月・神戸《こうべ》』という文集が神戸大学医学部の精神科医である中井久夫《なかいひさお》氏の尽力で刊行されている。その中で、たしかタクシーの運転手さんの話だったと思うが、乗客と「震災の時はどうでしたか」の話になると、「じつはこの少し先の角のところで妹を失いまして」とか、「まだ母の行方《ゆくえ》がわからないのです」とか、話す方も聞く方もいつの間にか泣きながら相槌《あいづち》を打つことになるのだが、話の落ち着くところは景観で、六甲山《ろっこうさん》のなだらかな稜線や海の青さなど、何十年も見なれたはずの景観が心の深いところで〝私〟を癒してくれた、というのである。私はこの話に感動した。神戸の人は痛切な経験の中からこれからの日本に重大な提言をしてくれた、と思った。

「景観」を誰よりも先に学問として取り上げたのは樋口忠彦《ひぐちただひこ》氏で、山梨大学の教授の頃、『日本の景観——ふるさとの原型』という著書を昭和五十六年春秋社から上梓している。私が読み耽《ふけ》ったのは、文章全体を流れる、控えめなリリシズムからである。東大工学部土木工学科出身の工学博士だが、景観を描写した詩歌《しいか》・文章・絵画などさまざまなメディアをゆたかな感性で解釈し直し、私たちが〝イメージの原型〟として持ち続けている「ふるさと」の価値を静かに説きあかしている。

人にとっての「ふるさと」は、ふるさとを愛している人はもちろん、ふるさとに背を向けていたい人にとっても、心の磁場のような吸収力を持つものらしい。

ある夜、NHKの「ラジオ深夜便」を聞いていたところ、鳥海昭子《とりのうみあきこ》さん〔歌人、エッセイスト〕という昭和四年生まれの女性が登場して、自作の短歌を披露しながら、文字どおりの〝苦難の道〟を語っていた。鳥海山麓《ちょうかいさんろく》の農家の十一人きょうだいの長女に生まれたが、父親との折り合いが悪く、十五歳で家出する。その日が三月一日で、以後この日を「家出記念日」とするのだが、二十三歳年上で五人の子を持つ男性と結婚したり、養護施設の洗濯婦を二十六年間もしたり、その経験を買われて保育専門学校の講師をしたすえ、退職して「さあ、これから好きなことすべぇ」と思った矢先、糖尿病になる。入院加療の心を支えてくれたのは長男で、デパートで買い込んだ計量カップ、計量スプーンをベッドの上におくと、「一人だと思うな。一人だと思うから怖いんだ」と言ったそうだ。

その鳥海さんが、聞き手のアナウンサーから「なにが心の支えになってきましたか」と聞かれて、「故郷と貧乏と子ども」と答えたときには、私は思わず唸《うな》った。

忍従の角度に誰もが背をまげてふぶきの中の野道を行きぬ

そういうイメージが心の襞《ひだ》に張りついて、自作の歌に詠《よ》んだ「ふるさと」である。が、それが心を支える三本柱の一つになっている。

私たちは、いま、癒しの時代にあって、お互いが心の視線を水平の形で結ぶ必要があるようだ。

これからの日本の姿として「首都移転」とか「田園都市構想」とか、大型の投資を必要とするグランド・デザインが提出されている。それも、環境親和型のライフ・スタイルをつくるには必要だろうが、人が心の中に形づくる「ふるさと」は、別のサイズも必要なようである。三つの話をしたい。

一つは、都市工学者の望月照彦《もちづきてるひこ》氏から聞いた話である。いま、ル・コルヴィジュエに代表される「輝ける都市」のコンセプト（大建築物・大公園・大道路）が衰退しつつあるという。大建築物が林立する都市はエネルギー多消費型になるし、そこに働き・住む人に孤立感を与えてしまう、大公園は犯罪が発生しやすく、大道路はクルマ優先社会になりやすいからである。この「輝ける都市」の対極にある考えが、ジェーン・ジェーコブズの「狭《せま》いみち」「古い文化」「コンパクトな地域」という構想で、アメリカでは「スモール・タウン百選」が取り上げられ、ネバダ州のエルコという小さな町が第一位になっているという。

二つめの話は、朝日生命がレポートしていた沖縄の痴呆《ちほう》老人の実態である。「沖縄でも痴呆老人の発現率は変わらないが、異常行動は見られない」というのがキイ・ポイントで、この原因は「結《ゆ》い」の精神だというのである。

「沖縄には〝ユイマール〟と呼ばれる相互扶助の風習があります。ユイとは結ぶ、マールとは輪番で回るという意味です。日本の農村ならばどこにでもあった助け合いの習慣のことで、農作業、新築、改築、冠婚葬祭などのときには村の人が労力を提供しあう習慣です。（中略）日本の高齢者の自殺率は世界でも高い方ですが、沖縄の高齢者で自殺する人はあまりいません。沖縄の県民性といわれるクヨクヨ考えず、のんびりした性格とあいまって、支えあう風習が老人にストレスを募《つの》らせない原因となっているようです」

このあと、レポートはとくに「痴呆老人」に触れ、老人について特別の扱い方をせず、つまはじきもしないで、いつまでも仲間として扱っていること、これが老人たちの心を穏やかにし、異常な行動をとらせないのではないか、そう考えると、沖縄で痴呆老人問題の大きな原点に触れた思いがする、と結んでいる。

三つめの話は、朝日新聞が主催した「超高齢化社会がやってくる――共に輝いて生きるために」というシンポジュウムの中で、福岡市で「宅老所《たくろうしょ》よりあい」を主宰する下村恵美子《しもむらえみこ》さんが紹介しているものである。

「加齢による痴呆や身体症状で混乱した生活を手助けするのが、私たちの仕事。お年寄りの笑顔がケアの水準のものさしです。宅老所では、手づかみであろうと、その人が自分で食べられれば黙って見ています。病院では刻み食、流動食、果ては点滴が始まり、点滴を抜くからと手足を縛《しば》られる。痴呆のお年寄りが医療行為の対象になったとき、一週間とかで変わり果てた姿になっています」

ところが、「宅老所よりあい」のお年寄りは、帰宅時間が来て「車が待っとりますけん、送ります」と言っても「いや、ここが家やけん、なして帰らなきゃいかんか」といった調子で居候《いそうろう》をきめこむ。居心地がいいからである。その居心地は、お年寄りになじみの昔風の居間が工夫されているからだ。つまり、「ふるさと」を思わせる空間が「癒し」になっているのだろう。

その「ふるさと」を、奈良・平安の人は西方浄土《さいほうじようど》に求めた。折口信夫《おりくちしのぶ》博士は不朽《ふきゆう》の名作『死者の書』を書き、その主題である「山越しの阿弥陀《あみだ》像の画因《がいん》〔モチーフ〕」に触れている。

「(大阪の)四天王寺《してんのうじ》には、古くは、日想観往生《につそうかんおうじよう》と謂《い》われる風習があつて、多くの篤信者《とくしんしや》の魂が、西方の波にあくがれて海深く沈んで行つたのであつた。熊野《くまの》では、これと同じ事を、普陀落渡海《ふだらくとかい》と言うた。観音《かんのん》の浄土に往生する意味であつて、淼々《べうべう》たる海波を漕《こ》ぎゝつて到《いた》り著《つ》く、と信じてゐ《い》たのがあはれである。一族と別れて、南海に身を潜《ひそ》めた平維盛《たいらのこれもり》が最期《さいご》も、此《この》渡海の道であつたといふ。日想観もやはり、其と同じ、必《かならず》極楽東門に達するものと信じて、謂はゞ法悦からした入水死《じゆすいし》である。そこまで信仰におひつめられたと言ふよりも寧《むしろ》、自ら霊《たま》のよるべをつきとめて、そこに立ち到つたのだと言ふ外《ほか》はない」

私は、この文章の「霊のよるべ」という表現を後生大事にしたいという思いでいる。

科学がすすんで、高齢者という存在に、いま、二筋の光が投げかけられている。一つは長寿科学（ジェロントロジー）、もう一つは死生科学（タナトロジー）である。肉体と心理のそれぞれの適正値は老人ごとに違うだろう。かといって、医者が高齢者と接する場合、CTスキャンが提供してくれるような、数値と記号だけでは間尺《ましやく》にあうまい。数値と記号は白黒で決着をつけるが、高齢者の持っている情報には灰色の部分があるからだ。これをどう読みとるかは、医療側の人間に対する観察の成熟度によるものと思われる。つまり、高齢者の「霊のよるべ」に対する理解の深浅だが、この点で、感動したのは、柳澤桂子《やなぎさわけいこ》氏のエッセイ「死の作法」である。柳澤氏が生命科学者として高い水準にあること、同時に不幸にも難病に冒《おか》されて闘病中であることは知られているが、〝最後の本〟といわれる『生と死が創るもの』の中で、鬼界《きかい》が島《しま》に流された僧俊寛《しゆんかん》の末期《まつご》に触れている。文章は行間に涼風が吹きわたるほどの爽《さわ》やかさであるが、私が感心したのは最初から最後まで、生命科学のセの字も、遺伝子工学のイの字も出てこないことである。一人の人間として見事に俊寛の「霊のよるべ」の傍に立っている。

話はただ一人鬼界が島に残された俊寛のところへ、かつて可愛がられた有王《ありおう》が俊寛の娘の手紙を持って島に上陸する。海藻《かいそう》を身体に巻きつけ、ほとんど死にかけた俊寛にめぐりあい、都《みやこ》に残された妻子のことを語って聞かせるが、そのあと有王は俊寛の生命をつなぐための食物や水を探そうとしない。柳澤氏の視線は、この有王の心のありようを射抜《いぬ》くのである。

「俊寛はなぜ海に身を投げるか火山に飛び込む道を選ばなかったのであろうか。おそらく身の危険をおかしてはるばる鬼界が島まできてくれた有王と二人の間に残された時間をたいせつに思ったのであろう。有王は俊寛の生への執着を絶《た》たせてくれ、孤独から救ってくれた。その有王とともに最期の時間をわかちあうことの意味を俊寛は知っていたのではなかろうか。おたがいに相手を思いやる気持ちがこのような道を選ばせたように思えてならない。そこには現代にも通じる〝死の作法〟といえるものを感じるのである」

誰か一人、そう一人でいい、いつでも来てくれる〝現代の有王〟を持ちたいものである。

棄老から貴老へ

脳の問題、ことに痴呆の問題はほんとうにむずかしい。私も、明日から痴呆老人になる可能性があるので、ときどき、ぼんやり考えることがある。気がつくと、東京から大阪まで、新幹線の中で考えっぱなし、ということもしばしばである。

やっとわかったことの第一は、そういってしまえば身《み》も蓋《ふた》もないかもしれないが、「運命」という要素が強く働いていることである。第二は、痴呆の介護をする新しいエキスパートを養成し、社会のシステムとして解答を出すこと。第三は、痴呆老人を健全者から隔離せずに、呆《ぼ》けてなおそこに生命の華《はな》やぎのあることを学ぶこと、この三点だといまのところ思っている。

蟻《あり》の脳に傷をつけてから元のグループに帰してやると、仲間はたちまちその蟻を襲い、殺してしまうそうである。ひどいもんですな、といえるだろうか。むかしの日本人の間で「棄老」が風習化されていたことは深沢七郎《ふかざわしちろう》氏の傑作『楢山節考《ならやまぶしこう》』に明らかだし、本書にも『ふたりの老女』を紹介する中で、エスキモーの間の「棄老」に触れている。人間の集団と食糧供給量はつねに函数《かんすう》（関数）関係にあり、食べものが乏《とぼ》しくなれば、集団の中に人員整理が行われるのである。その場合は、どんなお説教も教養もおまじないも役立たない。

幸い、いまの日本はこの函数関係は安定している。だから老人は安心していられるかとなると、そうはゆかない。人間には厄介なことに「もっと、もっと」（モア・アンド・モア）を望む遺伝子が前頭葉に刷り込まれているらしくて、おなかいっぱい食べられれば、こんどはパリにゆきたい、ということになる。身軽に行動できる身分ならいいが、家の中に介護を必要とする老人がいると、どちらを優先するか、という問題が起きてくる。ここから先が、私のいう「運命」である。

人間の脳のはたらきは一様ではなく、自在性（動物系）と分節性《ぶんせつ》（言語系）がある。自在性は欲望の赴くままの行動を許し、ゲームセンターに入り浸《びた》ったり援助交際をやったりという結果になる。分節性とは自己抑制のはたらきであり、ありていにいえば高次の目的ごとに脳をはたらかせることである。「花」を見てすぐオシベとメシベの関係に思いを馳《は》せる作家もいるし、「もののあはれ」の意味を理解する主婦もいる。自在性と分節性のどちらが強く出動するかは、要するに「人のでき具合」にかかっている。自在性の強い息子夫婦の下で呆《ぼ》けた日には老人は目もあてられない。だから私は、まず「呆ける」「呆けない」の運命があり、次にどんな家族の中で「呆ける」かの運命があると、観念しているのである。

早川一光《はやかわかずてる》氏といえば、知る人ぞ知る京都の医者である。亡くなった松田道雄《まつだみちお》氏〈医師、育児評論家〉に私淑《ししゆく》し、京都府立医大を出て西陣《にしじん》の病院に勤め、町の人にたよられる医者として活躍を続けた。著書の『わらじ医者京日記』は毎日出版文化賞を受賞し、その講演はユニークで、医学知識をちりばめながら聴き終わった人に生きがい感を与えている。テレビで対談したとき、現代の家族像を見事に伝えてくれた。

寝たきりの親を自宅で十五年間看病した息子夫婦が、いよいよという段になって早川医師に頼んだ。「先生、もう一日だけ生かしてやって下さい」。別の家で、老人が病にかかり三日で亡くなった。息子夫婦は早川医師の前であっけらかんと言った。「ああ、やっと、逝《い》ってくれたわ」。

現在でもこうなのだから（いや、現代だからこうなのだというべきかもしれないが）、終戦直後の物資も人手もなく専門病院も数少ないときに痴呆老人を抱えた家族は、当惑と疲労とで、人間性がむき出しになった。この地獄のような光景を真正面から非妥協的に社会に提示したのは、丹羽文雄《にわふみお》氏の『厭《いや》がらせの年齢』という作品である。

主人公のうめ女は越後《えちご》の生まれで、二十一歳で結婚するが三十二歳のとき夫と死別し、それからの五十三年間を未亡人として送る。その間に嫁《とつ》いだ娘に死なれ、孫の仙子と幸子を育ててあげる。仙子も幸子も結婚するが、敗戦とともに配給生活が始まり、万事が不如意《ふにょい》な暮らしの中で、祖母のうめ女の痴呆化が進んでゆく。姉妹の間でうめ女の押しつけあいが始まるが、その言葉づかいがすでに非情そのものである。うめ女の方にも言い分がある。

「何のためにわたしが今日まで苦しんできたとお思いなのだい。みんな子供が可愛いからじゃないの。お前さえ初めから捨ててかかる気だったら、母さんはどんなにも結構な身分になれたんだよ」

やがてうめ女の痴呆化は進み、廊下や部屋に排泄物《はいせつぶつ》を落とし、端布《はぎ》れやマッチをくすねて自分の三畳間にかくし、時《とき》と所《ところ》をかまわず「お腹《なか》が空《す》きましたよう。死にそうですよう。なにか食べものを下さいよう」と叫ぶようになる。家じゅうに臭気が立ちこめ、家人はうめ女の足音で夜もおちおち眠れなくなる。耐えかねた幸子が夫に語りかける。

「人間は何故《なぜ》生きなければならないのか、という問題は、生きてることに何か意義が見出《みいだ》せる間のことでしょう？　お婆《ばあ》さんのように、自分でもこれ以上生きたくないのに生きているような、何のために生きているのやら、あたしたちを厭《いや》がらせるだけの生命なんて、ちっとも尊重出来ないわ。それでもなお、生命は大切だと思わなければならないのかしら。（中略）人間の生命というものは、美しいとか、正しいとか、大切だとか、有意義だとか……そういう観念では割り切れるものではなくて、何か、もっと他の、思いがけないものの正体のような気がするのよ」

この小説は高い評価を受け、小説の題名は昭和三十年代のはじめまで流行語となった。
当時、丹波文雄氏は作家としての態度を次のように書いている。
「私は先頃《さきごろ》老女を書いた。意地悪く、辛辣《しんらつ》に描いたと評された。ことさら意地に絡《から》んで抉《えぐ》り出したわけではなかった。己《おのれ》の信奉する非情の精神に忠実になろうとしたまでである。意地悪ではない。ただ自分の態度がそう見られるほどに非情なのである。もっとも、非情と、ことさら拘泥《こだわ》っている間は、本当の非情の境地には立っていないのだろうが」

その丹波文雄氏が呆けた。八十歳を過ぎてゴルフをワンハーフラウンド回る元気さだったが、ある日腹痛と腰痛を訴えた。自宅近くの専門病院で精密検査の結果、腹部大動脈《だいどうみゃく》瘤《りゅう》が発見された。瘤《こぶ》が破裂すると生命取りになるので手術が考えられるが、手術には全身麻酔が必要だ。が、八十歳を過ぎた老人が全身麻酔を受けると、呆ける可能性が高くなる。家族は医師と相談して、好きなゴルフの最中に瘤が破裂し、それで死ぬならこの人にふさわしい最期だと話がきまり、手術は見送られた。ところが、事態は思わぬ方向に展開した。軽井沢《かるいざわ》でゴルフをしている最中、瘤の壁が裂《さ》けて、その隙間《すきま》に血液が入り込むという「解離性大動脈瘤」の状態になった。激痛のうえ瘤が数時間で破裂という事態に手術を行わざるをえなくなる。頑丈《がんじよう》な肉体は手術に耐えたが、丹波氏はやがて呆けの症状を見せはじめる。一度聞いたことを数分後に聞き返す、それの繰り返しである。ときどき正常に反応するが、しばらくするとまた異常になる。いわゆる〝まだら呆け〟である。

丹波氏の長女・本田桂子《ほんだけいこ》さんが介護にあたり、その経緯を『父・丹波文雄介護の日々』という本にまとめ、反響を呼んだ。女優の南田洋子《みなみだようこ》さんも義父の沢村国太郎《さわむらくにたろう》氏を看病した記録『介護のあとさき』を上梓しているが、二人が『致知《ちち》』という修養誌で対談しているのを読むと、介護のための心理負担、肉体負担は常識の枠《わく》をはるかに超えている。本田さんの場合は、母親も呆けてしまい、二人を抱えることになる。対談の中で、本田さんが「もし二人が正気だったら、二人とも生きていたくない、というだろうと思います。ですから、恐ろしいことをいうようですが、朝、起きて、見に行ったら旅立っていてくれるというのが私の願いなんです。だって、おむつをした父の姿なんて見たくないもの」と話しているのは、介護を経験した人なら、少なくとも一度は、心に兆《きざ》した思いであろう。人間として当然の感情なのである。

斎藤史《さいとうふみ》さんという八十九歳の歌人がいる。昭和十一年の「二・二六事件」で連座した斎藤瀏《りゅう》陸軍少将の娘である。一九九七年一月、宮中御歌会始《うたかいはじめ》の召人《めしうど》として次の歌を詠んでいる。

野の中にすがたゆたけき一樹あり風も月日も枝に抱きて

対象を取り込む器《うつわ》の大きさに私はほとほと感じ入ったが、この年の五月、斎藤史さんの「全歌集」〔『齋藤史全歌集　1928-1993』〕が出版されるにおよんで、この人が六十四歳のとき全盲の母親と脳梗塞《のうこうそく》の夫（いずれも身体障害一級）を抱えて病院暮らしをされていたことを知り、さらにそのときの短歌に接して、修羅の中の人間の姿を見る思いがした。

麻痺の夫《つま》と目の見えぬ老母《はは》を左右《さう》に置きわが老年の秋に入りゆく
ささやくは我が身の中の何の声逃げよ逃げよとつねに急がす

高齢者の痴呆化は今後三百万人に達するといわれているが、その対応システムは「魔の三ロック」から「病院・施設と痴呆老人の関係を水平化する」方向へ流れが変わりはじめた。

「魔の三ロック」とは、薬を使って痴呆老人をおとなしくさせる「ドラッグロック」、縛ったり押し込めたりする「フィジカルロック」、強い口調で指図《さしず》して心身の動きを封じる「スピーチロック」である。ロックという操作が、病院・施設と痴呆老人の上下関係から発生していることはいうまでもない。これに対して、痴呆者の生活を大切にすること、痴呆者と寄り添う関係をつくることが、痴呆の改善に役立つ（痴呆老人の顔に笑顔がよみがえる）ことが、「全国研究交流フォーラム（宮城県松島《まつしま》）」「国際環境心理学会」「人間環境学会」などのフォーラムで注目された（朝日新聞・一九九八・四・一四）。

前にも少し触れたように、伝統的な日本家屋（中古のものでいい）に手を加え、茶の間、縁側、階段簞笥《たんす》、飯櫃《めしびつ》、たらい、長火鉢《ながひばち》などの懐《なつ》かしい品を並べ、むかしの話をし、むかしの歌をうたう、そういう環境づくり（介護者もふくめて）である。

そんなことをしたらカネがかかるだろうというのは、おそらく「しない」ための難癖《なんくせ》で、人口二万三千の秋田県鷹巣《たかのす》町では、フルタイム換算でホームヘルパーが三十四人いるが、報酬は全部で一億二千万円ぐらい、町の年間予算の一〇パーセントちょっとだと、町長の岩川徹《いわかわてつ》氏は言っている。

こういうシステムが整ってこそ、私たちは高齢者の中に現代とは違った環境の中での知恵、工夫、美意識、情感、霊《たましい》のよるべなどに触れ、それらによって現代を逆照射し、未来の生き方に対する密度の濃い姿勢を構築できるのではないか。その過程で、高齢者を貴《とうと》く扱う意識も生まれてこよう。

言葉以前の「遺書」

いまの人はあまり口にしないが、五十歳以上の人が使う表現に「これが私のお経です」というのがある。私も、これまでに、何度か聞かされてきた。

菅江真澄《すがえますみ》という江戸時代の学者を研究していた内田武志《うちだたけし》氏（民俗学者）は出血すると血がとまらないという難病に冒されていた。妹のハチさんは、秋田大学で教鞭をとりながら兄の研究を手伝い、病気の看護をし、家事を切り盛りしていた。自分の時間というものがほとんどない毎日である。「なんと申し上げてよいか、言葉が見つかりません」とハチさんに言うと、彼女はしっとりした笑顔を見せて「兄は私のお経です」と答えた。私は、そのとき、「お経」の実体をひとつかみに理解できたように思った。

遺言とか遺書というのも、その人が人生の最後に伝える「お経」ではないだろうか。その人を支えていた〝思い〟は、生前には言葉にならなかった、あるいは言葉にすべきではなかったのが、死を前にして言葉という形をとってあらわれる。最も純粋な形であらわれるから「お経」と呼んでもいいと思う。それだけに、私たちは遺言や遺書を、それを残した人と実際に知り合ったかどうかに関係なく、味読して心の糧《かて》とする方がよいだろう。去りゆくもののメッセージには、肩書きも地位もない。ただあるのは、その人を支えていた柱の姿である。

たとえば、吉川英治《よしかわえいじ》氏の母親の一言《ひとこと》には「母」の内容があらわれている。父を二十七歳、母を三十歳で亡くした吉川氏は『忘れ残りの記』でこう書いている。

「さいごの息づかいらしいのが窺《うかが》われたとき、ぼくたち兄妹は、ひとり余さず、母の周囲に顔をあつめて、涅槃《ねはん》の母に、からだじゅうの慟哭《どうこく》をしぼった。腸結核は、じつに苦しげなものである。ぼくは、どうかして、母が安らかな永眠につかれるように、という祈りみたいな気持ちから、ついつまらない智恵がうごいて『……お母さん、お母さんは、きっと天国に迎えられますよ。ほら、きれいな花が見えるでしょう。美しい鳥の声がするでしょう』と、耳元へ囁《ささや》いた。そしたら、母は、ぼくをにぶい眼で見つめながら『……よけいな事をお云《い》いでない』と、乾《かわ》いた唇で、微《かす》かに叱った。母はふとんの下で、妹たちの手を握りしめていたのである。『みんな、仲よくしてね』と、次に云った。それきりだった。ぼくは三十で母と別れるまで、母に叱られた覚えは、二度か三度しかない。それなのに、母が、ぼくへ云ったことばの最後は、叱咤《しった》であった」

母親は英治氏を叱ることで「長男」を自覚させたのであろう。そして最後は母親らしく「みんな、仲よくしてね」である。私は、「よけいな事をお云いでない」の一言に、明治の女の面目を見る思いがする。

もうひとつ、忘れるに忘れられない遺書がある。終戦間際、鹿児島県の知覧《ちらん》基地から特攻機に搭乗して出撃した松本真太治《まつもとまたじ》陸軍軍曹の遺書、それも最後の結びの言葉である。

「思うに、わが現在の本心は〝生きんとして生きがたく、死せんとして死しがたし〟の一語を以《もつ》て表現するのほかなきなり」

特攻隊員は「決死」の覚悟で飛び立ったのではない。「決死隊」は死を主観に委《ゆだ》ねたものの集まりである。客観情勢の変化によっては「生還」の可能性もある。「特攻隊」は死を客観に委ねている。全くの偶然性（たとえばエンジンの不調とかの）しか「生還」を保証しない。しかし、客観性の中に自己を投入しても、人間である以上、主観を滅却《めつきやく》することはできない。それが「死せんとして死しがたし」である。ましてや松本軍曹は少年飛行兵第十二期生である。特攻に出撃する時点では、操縦士としての練度はかなり高いはずだ。その練度は「敵機に撃《う》ち勝つ」ことを内容としている。一戦も交えずに敵艦に突入するためのものではない。松本軍曹は軍人としても「特攻」に異存があったはずだ。しかし、僚機《りょうき》が連日のごとく滄海《そうかい》に突入する状況の中で、異議を申し立てるわけにはゆかない。その心境が「生きんとして生きがたく」である。

終戦末期の特別攻撃隊員の胸底には、おそらく「生きんとして生きがたく、死せんとして死しがたし」の想念が渦巻いていたであろう。しかし、それを言葉として若い唇に乗せず、ある者は諦観《ていかん》、またある者は国に殉ずるという大義に置き換えて飛び立っていった。しかし、彼らは、思えば歯噛《はが》みするほどの二律背反を酒や肉欲にまぎらわすことをしなかった。

松本軍曹の戦友中島《なかじま》軍曹は、特攻隊員がつかの間の憩《いこい》を与えられる鳥浜《とりはま》トメさんの家で、出撃前日の最後の入浴を楽しんでいた。トメさんは、特攻隊員にはいつもそうするように背中を流していたが、この子が明日はもう還《かえ》ってこないのだと思うと、涙があふれてくるのを押しとめることができなかった。泣きながら背中を洗っていると、中島軍曹は前を向いたままの姿勢で言った。

「おばさん、お腹《なか》が痛ければ、明日は見送りにこなくてもいいよ。休んで下さいね」

死を目前にしながら他者へ思いをかける。戦後の社会は、このような精神の行為があらわれると、どういう家庭に育ったのだろう、どんな躾《しつけ》を受けたのだろうと、外部条件にばかり話が集中してしまう。もし、うまいノウハウが見つかれば、子育てに使ってやろうとの魂胆《こんたん》が丸見えである。問題はそんなことではなく、なにが中島軍曹にこういう言葉を吐かせたのか、それを深く静かに一人一人が考えなければならないのだ。それでは、その「なにが」がお前にわかっているかと問われれば、私もまだ言葉にかえることはできずにいる。おそらく死ぬまでできないだろう。しかし、できなくてもいいと思っている。人間はその想念をすべて言葉にかえられるものではない。かえた途端に想念の方が言葉の中からするりと抜け落ちる。そんな心理的状況を私は梅崎春生《うめざきはるお》氏〔小説家〕の『桜島《さくらじま》』の緊迫した文章の中で読んだ。

原爆が落ちた。ソ連が参戦した。桜島にも米軍の来攻が予想された。私（村上兵曹）は遺書を書こうと思った。

「書くことが、何も思い浮ばなかった。書こうと思うことがたくさんあるような気がしたが、いざ書き出そうとすると、どれもこれも下らなかった。誰に宛《あ》てるという遺書ではなかった。次第に腹が立って来た。私は立ち上って、それを破り捨てた。濠《ごう》を出、丘の上の方に登って行きながら、私は哀《かな》しくなって来た。遺書を書いて、どうしようという気だろう。私は誰かに何かを訴えたかったのだ。しかし、何を私は訴えたかったのだろう。文字にすれば嘘になる、言葉以前の悲しみを、私は誰かに知ってもらいたかったのだ」

「言葉以前の悲しみ」を凝縮《ぎょうしゅく》させるのが「死」なのかもしれない。「死」は悲しみを超えて、その状況の中の浄化作用を発動させ、死の領域での言葉を紡出《つむぎだ》すのだろうか。

じつは、大島《おおしま》みち子さんの『若きいのちの日記』を読んだ時、顔の軟骨が腐《くさ》ってゆく病気にとりつかれたこの二十二歳の女性が、どうしてかくも明るい歌声のような詩が書けるのか、感動の静かな余震の中で考え込んだ。その末に、浄《きよ》められた言葉、という思いが浮かんだ。詩を紹介しよう。


病院の外に、健康な日を三日ください。

一日目、私は故郷に飛んで帰りましょう。そして、おじいちゃんの肩をたたいて、それから母と台所に立ちましょう。おいしいサラダを作って父にアツカンを一本つけて、妹達と楽しい食卓を囲みましょう。

二日目、私は貴方《あなた》の所へ飛んで行きたい。貴方と遊びたいなんて言いません。お部屋をお掃除してあげて、ワイシャツにアイロンをかけてあげて、おいしいお料理を作ってあげたいの。そのかわり、お別れの時、やさしくキスしてね。三日目、私は一人ぼっちで思い出と遊びます。そして静かに一日が過ぎたら、三日間の健康ありがとう、と笑って永遠の眠りにつくでしょう。

人の死のあり方がさまざまであることはいうまでもない。前に紹介したように、死という深淵を思えばひるむのも人の常であろう。行い澄《す》ました禅師が重い病《やまい》の床《とこ》で「わしは死にとうない」と取り乱したというのは有名な話だが、しかし、遺言や遺書の海の中で、ひたすら実直に大過《たいか》なく生涯を送った人が「他者」に慰《なぐさ》めの言葉をかけながら去ってゆく文章の多いことを、私たちは知っておくべきだろう。ここにもう一人、主婦として生涯を閉じた女性の遺書を紹介したい。藤野静子《ふじのしずこ》さんは、私の親戚の女性である。平成五年十一月二十三日に肺ガンで亡くなったが、死期の近づくのを知ると、嫁の裕子さんを枕元に呼んで「お別れの言葉」を口述し、筆記させた。

「いよいよ最後になりました。人間のいのちには限りがあります。苦しさが少ないように、安らかに旅立てますようにお願い申し上げます。

私の人生、山あり谷あり、されどまじめに子供を育て生きてきたことで、くいはございません。先《ま》ずは、皆様の厚い友情を心から感謝いたします。

私は、近親のものだけで、特に親しい人たちだけで密葬にふして頂きたく存じます。お経はいらず、小さな花かごと好きな音楽を流して下さい。

子供達は皆それぞれいい縁《えん》に恵まれ感謝しております。皆様方の御厚情《こうじょう》を心から嬉しく、楽しい人生を送らせて頂きありがとうございました」

遺書というより、残されたものへのメッセージといった方がふさわしいと思われるのは、文章の静けさであろう。現世の一隅《いちぐう》で静かに生きて静かに去ってゆく、そのような自己の完結の仕方を望むのも、その人の教養がきめるものだと思う。

近頃は、静かな葬式を望む人を見かけることが多くなった。新聞の死亡広告を見ると、「故人の遺志により葬儀は行わず家族だけの密葬にする」という通告が目につくのである。梅原龍三郎《うめはらりゅうざぶろう》画伯は「葬式無用・弔問供物《ちょうもんくもつ》固辞する・生者は死者の為《ため》に煩《わずら》わさるべからず」と言い残して亡くなったが、そのとおり実行するのも故人のためだし、葬儀は簡単にして、一周忌に知人友人の手で「偲《しの》ぶ会」をひらいてもらうのも、人と人の付き合いを軽んじない形式である。

小谷正一《こたにまさかず》氏という稀代《きたい》のプランナーがいた。この人の一周忌が船上で行われ、親交のあったアイ・ジョージさんがしみじみとマラゲーニアを弾き語りしたあと、早稲田大学以来の友人宮崎白露《みやざきはくろ》氏（俳人）が一句を披露した。

小谷忌と知りつつ小谷さがしおり

参会の人たちは、粛然として声もなく、お互いにうなずきあっていた光景を、私は人生の一コマとして大切に心に保存している。

花は愛惜《あいじやく》に散る

老いを語り死を書いて最終節に至った。老いも死も「生《せい》」の現象にほかならないから、少しの間だけ「生」を語ろうと思う。私は、「生」については道元禅師の考え方が好きだ。読みながら「ほんとうにそうだ」と思い、読み終わると、春の光の中に座っているような気分になる。「養之如春」（これを養うこと春のごとし）という言葉があるが、道元禅師にはそんな特質がある。

花ハ愛惜ニ散リ、草ハ嫌悪ニ生《お》ウルモノナルヲ……

『正法眼蔵』の中で道元禅師はこのように説いている。

花吹雪の中に立って、来年も花が見られるかな、と思うのは人の、ことに高齢者の心情であろう。しかし、花の立場からすれば、散る時が来たから散るまでの話である。つまり、花は「生」を時間に乗せて運んでいるのにすぎない。それを「ああ、花が散る」と、その別れを嘆くのは、人間の花に対する執着心のなせるわざで、愛惜の心がそうさせるのだ。夏になると雑草がはびこる。ああ、いやだなと嫌悪の情で見るのは人間の勝手で、草は草の「生」のまま生《お》い茂《しげ》っているのだ。

花の生命に立って花を見る。

そうすれば「水の生命に立って水を見る」「人の生命に立って生を見る」ということになるはずだ。

この「生命に立って」という考えを頭の中に据えて、植物や動物と付き合うと、おもしろい現象が見られる。

私は金木犀《きんもくせい》が好きだ。そう言うと、近頃は「子どもはあの匂いを便所の臭《にお》いというそうですね」とまぜっかえされることが多いので、そのまま言葉をのみ込んで、「好きな理由」を言わないことにしている。じつは、道元禅師が中国から帰国し、京都の深草《ふかくさ》に興聖寺《こうしようじ》を建てたとき、その境内《けいだい》に金木犀を植えた。はじめて中国式の僧堂を建て、仏道修行のよすがとしたので、志のある若い雲水《うんすい》〔修行僧〕が集まり、その座禅する姿を見ようとする参詣人も千余を数えた。これが比叡山《ひえいざん》の感情を刺激した。仔細《しさい》は省略するが、道元に京都退去を迫った。その結果、現在の福井県に永平寺《えいへいじ》が建立《こんりゅう》されるのだが、そのお祝いの日に、道元の教えを受けた者が、興聖寺の庭にたった一本残してきた金木犀を京都から運んできたのだった。法話には心を打つものがたくさんあるが、私は法話には入っていないこの金木犀のエピソードに、師恩に対する献身の姿を見るのである。だから、どこの家の金木犀を見ても、心が潤《うる》んでくる。

こんなわけで金木犀には特別の思い入れがあるせいか、友人で無償発明家の高木利誌《たかぎとしじ》氏（発明したものを〝お役に立つならどうぞ〟と人に教えてしまう人）から頂戴《ちょうだい》したスティックを花瓶に入れ金木犀を活《い》けたのである。スティックの中には、トルマリンと水晶と石英《せきえい》の砕石《さいせき》が入っている。やがて、私は「生きるようにすれば生きるものだ」ということを発見した。金木犀の花は何日たっても枝から落ちず、三週間くらいしてちょっと景色が変わったので目を近づけてみると、花は枝に付いたまま灰褐色に変わっているのだった。

こんどは、庭にある二本の金木犀と一本の銀木犀に川田薫氏が開発したミネラルを指示どおりの濃度にしてかけてやった。秋闌《た》けて金木犀は近隣まで匂いを届けるほどで、その勢いはいささか奢《おご》りを感じさせるほどだった。私の住んでいるところは箱根山塊《さんかい》の一部で、しばしば「山雨来《さんうきた》らんと欲《ほっ》して風楼《かぜろう》に満《み》つ」という天候になる。とくに夜来《やらい》の雨は、秋には沛然《はいぜん》として、部屋の中の人声まで聞こえなくする。その音を聞きながら「金木犀も終わりだな」と思った。秋にはいつも見慣れた風景が私にあった。夜来の雨が明けると、金木犀の根際《ねぎわ》に、木の形から垂線《すいせん》をおろしたように、小さなオレンジ色の落花が円形を示しているのである。ところが、ミネラル入りの活性液を与えた金木犀は、一夜を山雨に洗われながら、花を落とさなかったのである。オレンジ色の花はそのまま秋の日を浴びながら、徐々に香りを失ってゆき、やはり三週間くらいたってから、枝についたまま色褪《あ》せ、やがて灰色に変わり、消えていった。

昔から「月に叢雲《むらくも》、花に風」といわれているが、月と一緒にされたのでは花が可哀そうだと私は思っている。桜の花の咲き初めには、少しくらい雨が降っても風が吹いても、ピンクの葩《はな》は濡《ぬ》れこそすれ、枝から落ちるものではない。ふるえる姿がいたずらを楽しんでいる少女を思わせるほどである。そして盛《さか》りが過ぎると、風もないのに小止《おや》みなく散り始める。これが「静《しず》ごころなく花の散るらむ」と紀貫之《きのつらゆき》を嘆かせた風景である。

散るときが来なければ花は環境の小さな変化くらいでは散らないのである。散らないようにできている、といってもよいだろう。トルマリンやミネラルは、その花の生命を活性化し、のばしているのだった。

ことにミネラルの場合は土壌の中のバクテリアを活性化させるので、植物の生育条件に変化を与え、たとえば、毎年の晩夏に見る夕顔の咲き具合がミネラルを使用する以前と大きく変わる。花の数（五十以上）はもちろんだが、花の形が大きく子どもの顔くらいになる。このほか、アジサイ、ヤシオツツジ、ボタン、バラ、クレマチス、トマト、ナスなど際限《きり》がないのでやめるが、「生命に触れること」、そしてまた「条件を変えて生命の変化に触れること」は、「花の生命に立って花の生を見ているか」という道元禅師の教えをさらに深く学ぶことになった。

これを人間に転じても同じような話になる。「死ぬほど口惜しい思いをした」とか「死の苦しみを味わった」とかいうが、もちろん、本人は死んでいないわけである。「死ぬ」ことを遮《さえぎ》る精神的なエネルギーがあるからではないだろうか。「一時は死のうかと思った」人が、気を取り直して新しい仕事に「死んだ気になって」取り組んで成功、いまでは「あの時、どうして死のうと思ったのだろう」と、あっけらかんとしていることが、間々《まま》ある。

人間は、「生」を支えるエネルギーが残っている間は、新たな価値の代替物が、ちょうど疲れたマウンドの投手に救援投手《リリーフ》が送られるように、心の中に顔を出すようである。

「宗教」も、とっかえひっかえ、よく名乗りを上げるものだと感心するのだが、「信仰の世俗化」という文化的衰退が始まると、その代替物が若々しく声を上げるという説がある。「宗教」が「心」と関係するだけに、紹介したい一節がある。

「信仰の世俗化とは、しかしながら単に信仰の根本的実体が喪失したあとに、ある種の形式や機能が残って、それを世俗的な意味内容が埋めることを意味するだけではない。以前の信念内容及び形式が崩壊したあとに、全く新しい信念の次元で古い精神が再生することをも意味している。その観点からすると、信仰の世俗化は、なんらかの形で時代おくれになったものが、生きのいい等価物で置きかえられるという、多くの歴史経過に働く代替のメカニズムが反映されている」(ヘルムート・プレスナー『ドイツロマン主義とナチズム』より)

人間という存在も、その集団である組織も、意識するとしないとにかかわらず、新陳代謝《しんちんたいしゃ》(メタボリズム)という働きによって、滅《ほろ》びの時がくるまで、その生命力をとっかえひっかえして、持続しているようである。もちろん、悪い奴にそういうことがあっては困るのだが、悪い奴は「悪」の要素のために自滅してしまうこと、あたかもガン細胞が増殖の果てに自滅するようなものだろう。

年齢《とし》を重ねて今の日本に生きていると、ストレスは〝呆け〟の原因《もと》だと聞かされ、果ては〝ガン〟を発生させるぞと脅《おど》かされる。しかし、「なんだ、これは」と衝動的に反発する事柄が多く、困惑の中で暮らしているようなものである。

今日もまたテレビひねればうとましや「ら」抜き「とか、とか」尻上《しりあ》がり言葉

新聞の歌壇に採用された年配者の怒りである。この短歌のあと半年ほどして、言葉の終わりに「じゃないですか」と相手の同調を求める表現、そしてまた「半疑問符」という、話の途中で単語の語尾を相手に尋ねるようにひょいと上げる語法があらわれた。NHKの放送用語でも、尻上がり言葉（モデル・ディレクター等）がいくつか認められるようになったという。本当に鬱陶《うっとう》しい世の中になった、と思っている高齢者も多いだろう。

こんなことだったのか今日八十歳いまさらのごと夏雲に問う（静岡・杉山次郎氏）

この気持ち、よくわかる。私なんか、八十歳にならなくても同感である。でも、心配す

ることはない。落胆の積算値では人間は死なない。現代はたしかに年配者にはやり切れないが、戦時下の日本はほんとうの知識人にとって地獄であったろう。渡辺一夫《わたなべかずお》氏（東大教授）は、『敗戦日記』に次のように書いている。

「緑の新芽は潑剌《はつらつ》と生長《せいちょう》し、鳥は楽しげに、またやさしく囀《さえず》るが、僕にとって救いはない。夜半まどろまんとする時、この眠りが永遠に続くことを祈り、朝の目覚めと共に慈悲深い静かな死を思う。自殺の誘惑はけっして目立たず、強くもないが、それだけにはっとする。『何でもないさ。肉体的な苦痛なぞ、ものの十分も続きはしない。あとは虚空《こくう》の揺《よう》籃《らん》で揺られるだけだ』。そう思ってみる」

しかし、渡辺氏はフランス文学の泰斗として戦後も生きぬき、多くの学徒に親しまれ、優秀な弟子を数多く育てて生涯を閉じた。渡辺氏の裡《うち》にある大きな人間愛が戦争の重圧に対するジャッキー（支え棒）になり、その空間で渡辺氏は知識人としての呼吸を持続できたからである。昭和十八年十一月二十一日、渡辺氏は『月に吠える狼《おおかみ》』と題するエッセイの中で、出陣する学徒に触れてこう書いている。

「僕から学生諸君に改めておたのみしたいことは、襟章《えりしょう》の星の数をふやすことなどは念頭に置かずに、軍規を守り上官を敬慕し戦友と相睦《あいむつ》み、待機中は部隊中の和楽の基《もと》となり、戦場では着実に行動し、しかる後、無事凱旋《がいせん》し、再び落ち着いて学徒本来の面目に還《かえ》ってほしいということだ」

昭和四十五年、このエッセイが渡辺氏の評論集に再録されるとき、特殊な感情の下に書かれた文章なので削除しようと思ったが、氏自身の心の記録として残した、と書いている。『月に吠える狼』の全篇は重苦しいトーンなのだが、渡辺氏の学徒兵に対する眼差《まなざ》しは限りなく優しい。「待機中は部隊中の和楽の基になれ」とすすめられるこの人は、戦争の音を聞きながら「人間はそんなに馬鹿ではない。この戦争は必ずおわる」と、新しい秩序の誕生を信じていたに違いない。

私も高齢者として信じたい。

日本はこのままでは終わらない。二十世紀の次にくるのは、二十世紀の考え方や暮らし方の延長線にある二十一世紀ではなく、新しい考え方による新世紀である、と。

解説――老年こそ華《はな》やかで、闘争心に溢《あふ》れる

下重暁子

ヘルマン・ヘッセに『庭仕事の愉しみ』という作品がある。疲れた折など開いてみたくなる、私の愛読書でもある。

「若いとか年をとったとかいうことは、本来、平凡な人間のあいだにしか存在しないのだ。才能があり、洗練された人間はすべて喜んだり悲しんだりすることがあるのと同じように、あるときは年をとったり、あるときは若くなったりするものである。成人の本領は、青年よりもずっと自由に、ずっと簡単に、ずっと寛大に、自分自身の愛する能力とつきあえることである」

ヘッセの老人論は、「人は成熟するにつれて若くなる」という。

若い頃からヘッセの作品に親しんだ草柳大蔵氏は「ヘッセは私たちに『老人の美学』を贈ってくれたのだと思う」と感じ、その証拠として「老年が青年を演じようとするときにのみ、老年は卑しいものとなる」というヘッセの言葉を付け加えている。

確かに、老年は私自身年を重ねてきて、若い頃と少しも感性が変わっていないことに気づき、

むしろ表現の技術や言葉のありよう、細《こま》やかさなど方法が豊かになった分だけ、ワインで言えば芳醇《ほうじゅん》になったのではないかとおめでたくも考えることがある。

「年をとることは個性的になること」と私は言っているが、年を重ねる度《たび》に、その人の歩んだ軌跡はくっきり明確になる。自分で考え、自分で選び、自分で行動してきたものの一つ一つの積み重ねが、その人の歩いてきた人生そのものなのだ。

「人間が年寄りになるのは自然の摂理である。誰も避けられない。が、年寄りの程度は千差万別で、資質としての個体差や高齢化するまでにどんな人生を送ってきたかなど、その人自身の持つ理由がある」

年を重ねるにつれ、その個性ははっきりし、棺《ひつぎ》を覆《おお》う時がもっともその人らしくありたい。本書の題名にあるように「ひとは生きてきたようにしか死なない」のだ。

死は生《せい》の延長にあり、その結果でもある。だからこそ、どう生きるかが問われる。人生のしめくくりである老年こそ華やかで闘争心に溢れ、その人らしくもうひと花。翔《と》んでみよう。

自分で自分を、老人の枠になどはめないで欲しい。周囲が老人をつくる。そのカテゴリーにはめこんで安心する。

私は、管理されることが一番嫌いだ。人が人を管理するなどもっとも不愉快で、ましてや年をとってまで管理されたくない。のびのびと枝葉《えだは》を伸ばし、最後の花を咲かせたい。したがって、他人から年を決められるのではなく、もっと自発的に自分の年齢や生き方を考えたい。

先人たちをながめると、明恵上人は「年なりに生きよう」、大久保彦左衛門は「年は自分できめるものだ」。私は、大久保彦左衛門に近いが、草柳氏は自分自身の中に明恵上人と大久保彦左衛門とが同居していることに気がつく。それが人間というものだろうという考えに到る。

「『私の中の老い』を自覚しながらも、『老いの中の私』に、もうひと花咲かせてみようと考える。『老い』とは、別の言葉でいえば、人生の持ち時間の少ないことである。少なければ少ないだけ、いままで『やってみたい』と思ったが、仕事や生活の関係でやれなかった、それをいま思い切って『やってみる』のである」

「『老い』という『自分の持ち時間』ができたとき、未使用の因子を使って、そこに生き甲斐をみる。それも素晴らしいことではないか」

人生百年時代を迎え、老後の生き方が焦点になる。今の時代を先取りしたかのような本書の中に、その答えがある。道元、白隠をはじめ古今東西の先達の言葉や生き方を元に、自分の老後を問うてみる。

「ひとは生きてきたようにしか死なない」は、諦観ではない。生きてまた道程の先の集大成、人生をどうしめくくるかの知恵を学ぶことができる。

私は若い頃に草柳大蔵氏と、ある接点があった。それは、心愉しいというより苦《にが》い想《おも》い出である。私の若さゆえでもあり、その後の人生の中で様々学ぶうち、あれは草柳氏から若者であった私への一鞭《ひとむち》であったと、今は思うことができる。その延長線上に、物書きとして仕事をしている私がいる。

窓を開けると、草柳氏の好きな金木犀《きんもくせい》の香りが漂《ただよ》ってくる。ここに来て、またご縁ができたことの不思議を想う。

二〇一八年九月二十八日

切りとり線

★読者のみなさまにお願い

この本をお読みになって、どんな感想をお持ちでしょうか。祥伝社のホームページから書評をお送りいただけたら、ありがたく存じます。今後の企画の参考にさせていただきます。また、次ページの原稿用紙を切り取り、左記まで郵送していただいても結構です。

お寄せいただいた書評は、ご了解のうえ新聞・雑誌などを通じて紹介させていただくこともあります。採用の場合は、特製図書カードを差しあげます。

なお、ご記入いただいたお名前、ご住所、ご連絡先等は、書評紹介の事前了解、謝礼のお届け以外の目的で利用することはありません。また、それらの情報を6カ月を越えて保管することもありません。

〒101-8701（お手紙は郵便番号だけで届きます）
祥伝社新書編集部
電話03（3265）2310
祥伝社ホームページ　http://www.shodensha.co.jp/bookreview/

★本書の購入動機（新聞名か雑誌名、あるいは○をつけてください）

＿＿＿＿新聞の広告を見て	＿＿＿＿誌の広告を見て	＿＿＿＿新聞の書評を見て	＿＿＿＿誌の書評を見て	書店で見かけて	知人のすすめで

★100字書評……ひとは生きてきたようにしか死なない

名前

住所

年齢

職業

草柳大蔵　くさやなぎ・だいぞう

評論家、ジャーナリスト。1924年、神奈川県横浜市生まれ。1948年、東京大学法学部政治学科卒業。八雲書店・自由国民社編集者、サンケイ新聞経済部記者を経て、執筆活動に入る。1966年に「現代王国論」（のちに書籍化）で文藝春秋読者賞を、1984年にＮＨＫ放送文化賞を受賞。内外調査会理事、ＮＨＫ経営委員、広島県立大学客員教授などを歴任。著書は『実録　満鉄調査部』『内務省対占領軍』『昭和天皇と秋刀魚』『絶筆　日本人への遺言』ほか多数。2002年、逝去。

ひとは生《い》きてきたようにしか死《し》なない

草柳大蔵《くさやなぎだいぞう》／著　下重暁子《しもじゅうあきこ》／解説

2018年11月10日　初版第１刷発行

発行者……………辻 浩明
発行所……………祥伝社しょうでんしゃ
〒101-8701　東京都千代田区神田神保町3-3
電話　03(3265)2081(販売部)
電話　03(3265)2310(編集部)
電話　03(3265)3622(業務部)
ホームページ　http://www.shodensha.co.jp/

装丁者……………盛川和洋
印刷所……………堀内印刷
製本所……………ナショナル製本

Printed in Japan ISBN978-4-396-11552-4 C0277